Adolf Heinzlmeier

JODIE FOSTER

V.I.P.

Jodie Foster und Kelly McGillis in *Angeklagt.*

Dieser Band erscheint in der Reihe V.I.P. cinema
V.I.P. ist ein Imprint der Paul Zsolnay Verlag Ges.m.b.H., Wien
Originalausgabe

Textbearbeitung: Dr. Petra Gallmeister
Umschlagentwurf und -gestaltung: Graphics, Darmstadt
Umschlagfoto: Norman Schreiber, Inter News (München)
Innenlayout: Adolf Heinzlmeier
Druck und Bindung: VPM, Rastatt
Printed in Germany 1993
ISBN 3-552-05041-8

Bildquellen
Inter-Topics: 1, 2, 7, 8, 12, 21, 22, 28, 29, 30, 31, 33, 36, 37, 38, 39, 40, 41 (2), 42, 43, 44, 45, 46/47, 65, 66/67, 69, 70, 72, 75, 76, 78; Deutsches Institut für Filmkunde, Frankfurt a.M.: alle restlichen Abbildungen.

Inhalt

> »Ich wollte nie eine dieser Hollywood-Ziegen sein, aber man hat mich von klein auf zum Star getrimmt.«
>
> JODIE FOSTER

A Star is Born 6

Frau in Gefahr 9
Jodie Foster und das Lolita-Syndrom

Das Mädchen am Ende der Straße 20
Geschichte einer traumhaften Karriere

»Miss Coppertone« 20
Das Fernsehen kommt 22
Von Mark Twain bis Bugsy Malone 23
Ein Wunderkind 24
Das Mädchen Iris 28
Symbole und Zeichen 32
Das Ende einer Kindheit 35
Ein schwarzer Engel 36
Yale University 42
John Hinckley jr. 43
Ein amerikanischer Alptraum 45
Eine Geisterkomödie 48
Franny, das Lästermaul 48
Opferrollen 50
Die Drachentöterin 58
Jodies Geheimnis 64

Filme 71

A Star is Born

Der Blick aus ihren wasserhellen blauen Augen ist intelligent, prüfend, von einer gewissen kühlen Distanz.

Jodie Foster spielt in der Komödie *Ein ganz verrückter Freitag* einen Teenager, der gern einmal in die Haut seiner Mutter schlüpfen möchte.

Jodie Fosters blondes Haar, das im Dunkel des Kinos je nach Rolle kastanienbraun oder weizengelb schimmert, umrahmt harmonisch ihre klaren Züge. Ihr Mund wirkt schmal, beherrscht; und wenn sie lacht, zieht er sich unerwartet und ganz erstaunlich in die Breite.

Sie sieht zierlich aus, aber nicht zerbrechlich. Auffallend an ihr sind die hohe Stirn und ihre gerade Himmelfahrtsnase, die den Eindruck einer Frühreifen vermitteln. Eines Kindergesichts, das erwachsen geworden ist.

Sie hat die Statur einer kleinen Frau, die groß herausgekommen ist – und zwar ohne die klassischen Merkmale, die in der Traumstadt für weibliche Stars gelten: *tits and ass*. Sie mißt nur einen Meter sechzig, hat inzwischen, gemessen an filmischen Schönheitsidealen, ein paar Pfunde zuviel und trägt heute eine

große Brille, die ihre blauen Augen verdeckt.

Zum erstenmal stand sie im Alter von zweieinhalb Jahren vor einer Kamera, doch die Zeit hat nicht gegen sie gearbeitet, wie das bei Shirley Temple und anderen Kinderstars der Fall war. Aus dem Wunderkind ist eine reife Schauspielerin geworden, ein vielbewunderter Star und eine Frau, die etwas zu sagen hat. Wenn überhaupt jemand, dann hat sie ihre beiden Oscars zu Recht gewonnen.

Inzwischen hat sie auch Regie geführt, will aber weiterhin vor allem vor der Kamera stehen. Eines ist jedenfalls gewiß – ihr nächster Film kommt bestimmt.

Oscar-Preisträgerin
Jodie Foster.

Frau in Gefahr

Jodie Foster und das Lolita-Syndrom

Die Kindfrau bildet eine feste Größe innerhalb der Typologie der weiblichen Kinostars. Wegen ihres elfenhaften Wesens wird sie auch Nymphe genannt. Wie ein Fabelwesen geistert sie durch die Filmgeschichte und hat sich als erotischer Zündfunke im Kleinhirn vorwiegend männlicher Kinogänger fest eingenistet.

Für reifere Herren ist das Nymphchen das bevorzugte Objekt der Begierde. Es überrascht durch seine knabenhafte Figur, verfügt aber durchaus über ausgeprägte weibliche Reize.

Auch wenn sich der Begriff davon ableitet, ist Nymphe nicht unbedingt ein Synonym für nymphoman. In der griechischen Mythologie waren Nymphen Töchter von Göttern oder Halbgöttern, die auf den Bergen, im Meer oder in den Quellen lebten – also in freier Natur. Womit sich die Vorstellung von Reinheit assoziiert.

In der Literatur hat der russische Schriftsteller Vladimir Nabokov die Nymphe salonfähig gemacht. Er gab ihr auch einen Namen: Lolita. Sie erhielt bei ihm einen verruchten *touch* oder, besser gesagt, das gewisse Etwas, das dem harmlosen Betrachter »Unschuld« suggerierte. Was sich jedoch schnell als Lüge herausstellte. Denn Nabokovs Lolita war ein durchtriebenes Gör, das nichts weiter im Sinn hatte, als den männlichen »Witwer weißer Rasse« sexuell zur Weißglut zu treiben, um ihn damit abhängig zu machen und wie eine Marionette vorzuführen.

Nabokovs »Lolita« brachte auch das Motiv ins Spiel, daß sich ein alternder Mann durch die Anziehungskraft eines jungen Mädchens verjüngt.

Auf der Leinwand gab es die Kindfrau bereits im Stummfilm. Sie trug eine Bubikopffrisur und verhexte Männer zu den Klängen des Charleston. Sie war durch Stars wie Clara Bow, das »Freudenfeuer von Brooklyn«, oder Louise Brooks repräsentiert, die mit dem deutschen Film *Die Büchse der Pandora* (1928) zur Legende wurde.

Eine der modernsten Varianten des Nymphchens bringt zweifellos Jodie Foster auf die Leinwand. Sie verkörpert – zumindest in ihren frühen Filmen – wie keine zweite Schauspielerin heute die Figur der Kindfrau, oder, wie DER SPIEGEL es in den siebziger Jahren ausdrückte, »sie ist eine auf den neuesten Stand des Geschlechterkampfes gebrachte Lolita. Der Mythos von der Frühreifen, jener explosiven Mischung aus Unschuld und hingebungsvoller Verworfenheit, ist eine Erfindung männlicher Träume. Jodie Foster zerstört ihn, indem sie sie glaubhaft macht.« Die Lust am Verbotenen erstirbt an ihrer sexuellen Bereitwilligkeit.

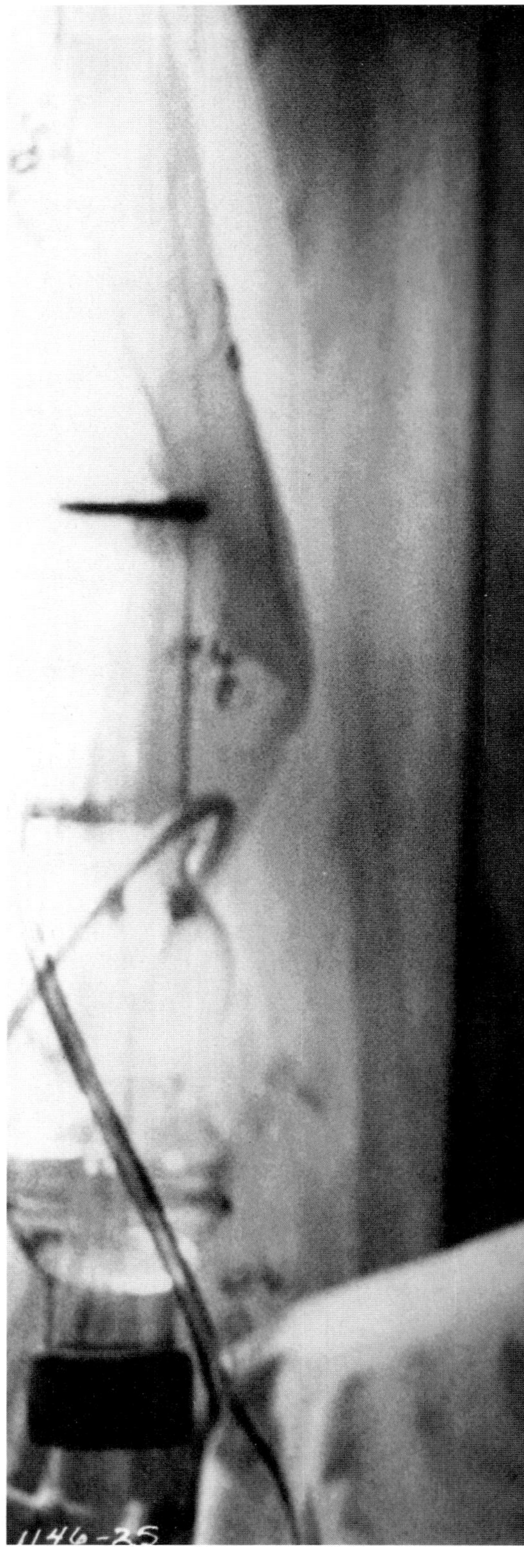

Eine eindeutige Opferrolle übernahm Jodie Foster in dem Film *Angeklagt*, in dem sie von drei Halbwüchsigen vergewaltigt wird.

Jede Auseinandersetzung mit der Figur der Kindfrau steht vor der Frage, ob Lolita ein Opfer oder eine Täterin ist. Nimmt man Jodie Foster als Beispiel, so scheint sich die Kindfrau überwiegend auf der Seite der Opfer zu finden. Aber das gilt nicht ausschließlich, und es sieht auch nur auf den ersten Blick so aus. Hier deutet sich bereits an, daß sie über die Lolita-Rolle hinausgeht.

Ein Film wie *Angeklagt* (The Accused, 1988) belegt die Opferthese eindrucksvoll. Etwas Schlimmeres als eine Vergewaltigung kann einer Frau kaum passieren.

Opfer ist Jodie auch in *Five Corners* (1987), einem Film, der ihre liebenswerte »Unschuld« gerade dadurch betont, daß er sie zum Objekt eines aggressiven Maniacs macht. Jodie Foster erläuterte dazu: »Er will mich entführen, schlägt mich bewußtlos und trägt mich umher. Ich kam mir vor wie ein Opfer von King Kong.«

Auf der anderen Seite beweist der märchenhafte Streifen *Das Mädchen am Ende der Straße* (The Little Girl Who Lives Down the Lane, 1976) eher das Gegenteil. Jodie Foster ist hier eindeutig Täterin.

Dann gibt es Rollen, in denen es unentschieden bleibt, auf welcher Seite sie steht. Ihre Iris in *Taxi Driver* (1975/76) ist zwar, wohl unter falschen Versprechungen, auf die Straße gelockt worden, doch dieses Leben scheint ihr – noch – mehr zu bieten als das provinzielle Dasein bei ihren Eltern. Iris wirkt nur aus dem verzerrten Blickwinkel von Travis Bickle als Opfer. Ihr selbst dürfte die Sache vermutlich Spaß gemacht haben, sagt sie doch einmal unschuldig über Sternzeichen: »Ich halte Stiere für die besten Liebhaber.« Auf keinen Fall ist sie das bedauernswerte Opfer, das Bickle in ihr sieht.

In *Das Schweigen der Lämmer* (The Silence of the Lambs, 1990) wechselt Jodie Foster von der Rolle des Opfers in die der Täterin. Clarice Starling ist zwar zum einen der brutalen Aggression Hannibal Lecters ausgesetzt, die sich insbesondere in psychischem Streß äußert, doch ebenfalls eine erotische Spannung impliziert, die auch auf physische Zonen übergreift. Aber zum anderen agiert Clarice gleichzeitig, auch im

Das Mädchen am Ende der Straße (Martin Sheen und Jodie Foster).

Umgang mit Lecter, denn sie recherchiert in einer Mordserie an Frauen und behält – zumindest zeitweise – die Fäden in der Hand.

Diese Ambivalenz oder der Wechsel zwischen Opfer und Täterin läßt sich in nahezu allen Filmen von Jodie Foster auffinden. Sie fügt sich nie willenlos, unterwirft sich nicht kampflos, sondern sie begehrt auf, wehrt sich, schlägt zurück. Sie ist eine mutige Frau – aber auch eine mit den Reizen einer Lolita ausgestattete, ein Nymphchen eben.

Doch das Spektrum der Nymphe ist breiter, als es das Opfer-Täter-Schema vermuten läßt. Kindfrauen werden nicht nur von alternden Möchtegern-Playboys umworben. Männer aller Altersklassen lassen sich ohne Skrupel auf sie ein. Und in Image und Styling der Kindfrauen spiegelt sich das Zeitgefühl einer Epoche oder – wie man heute sagt – der Zeitgeist.

Das attraktivste Nymphchen des europäischen Films war Brigitte Bardot. Die Tochter eines Pariser Industriellen wurde nicht nur durch ihren Schmollmund und Filmtitel wie *Das Gänseblümchen wird entblättert* (En effeuillant la marguerite, 1956) berühmt, ihr kommt

Brigitte Bardot.

auch das Verdienst zu, durch ihre damals noch skandalösen Oben-ohne-Auftritte und den großzügigen Wechsel ihrer Liebhaber in den prüden fünfziger Jahren gesellschaftliche Tabus gebrochen zu haben.

Doch nicht nur ihre »Amoralität« beunruhigte die ehrbaren Franzosen, BB gab sich auch selbstbewußt und exhibitionistisch. Sie war ein Naturkind, das auf die Vorzüge seines Körpers baute und künstliche Schönheitsmittel verschmähte, während nach Meinung der meisten Franzosen eine Frau ihren Sex-Appeal verlor, wenn sie auf die Kunstgriffe des Make-ups verzichtete. Brigitte

Bardot bewies das Gegenteil, sie war in jenen Tagen umschwärmt wie kein anderer Star. Simone de Beauvoir sagte über sie, »ein Heiliger würde seine Seele dem Teufel verkaufen, um sie tanzen zu sehen« – eine These, die aus heutiger Sicht nicht mehr so leicht nachvollziehbar ist.

Einen ganz neuen Typus der Nymphe im französischen Film verkörperte die in London geborene Jane Birkin, ein schmalbrüstig-laszives Wesen, das immer einen Hauch von Geheimnis in seine Filme bringt. Ihre Karriere begann, als sie sich in Michelangelo Antonionis Kultfilm *Blow up* (1966) mit David Hemmings nackt in den Kulissen balgte.

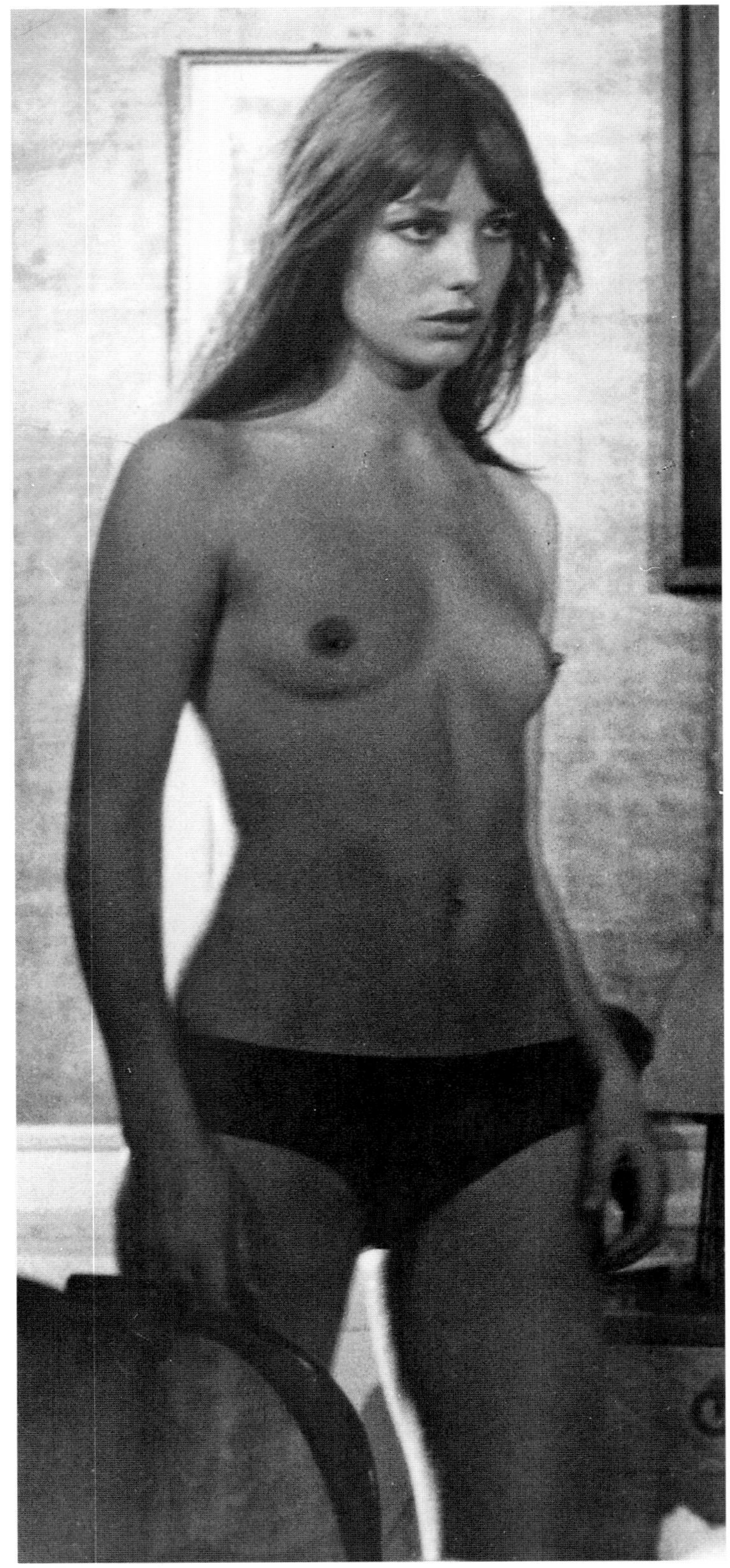

Jane Birkin.

Den eigentlichen Skandal rief ihr lustvolles Gestöhne in Serge Gainsbourgs Popsong »Je t'aime – moi non plus« hervor, das sie zum Star machte. Kurioserweise hatte Brigitte Bardot dasselbe Lied eine Generation vorher aufgenommen, doch damals war die Platte ihrer Zeit so weit voraus, daß sie auf Eis gelegt werden mußte. 1988 setzte die Regisseurin Agnès Varda der schönen Nymphe ein Denkmal mit dem semidokumentarischen Lichtspiel *Jane B. par Agnès V.*

Der deutsche Nachkriegsfilm hat in Marion Michael gerade *ein* bescheidenes Nymphchen vorzuweisen. Sie tanzte, nur mit einem Lendenschurz bekleidet, als *Liane, das Mädchen aus dem Urwald* (1956) durchs Unterholz, ehe sie von Tarzan Hardy Krüger eingefangen wurde.

Marion Michael.

Eine engelhafte Variante der Kindfrau stellt Nastassja Kinski dar. Sie spielt Nymphchen, die leicht auch einmal ihre Teufelskrallen ausfahren, wie in *Katzenmenschen* (Cat People, 1981). Im Gegensatz zu Marion Michael, die bald wieder von der Leinwand verschwand, muß man ihr den Status eines internationalen Stars zusprechen.

Nastassja Kinski trat in *Das Hotel New Hampshire* (The Hotel New Hampshire, 1984) in einem Bärenfell sogar zusammen mit Jodie Foster auf, wobei in dieser skurrilen Farce eindeutig

Nastassja Kinski.

Sue Lyon.

Jodie die Rolle der nymphomanen Kindfrau übernommen hatte.

In der wenig gelungenen Verfilmung des Romans von Nabokov spielte Sue Lyon das Nymphchen. Leider konnte sie, einen Lolli lutschend und mit herzförmiger Sonnenbrille verkleidet, das Versprechen nicht einlösen, mit dem der Held des Romans sie ankündigt und preist: »Lolita, Licht meiner Seele, Feuer meiner Lenden. Meine Sünde, meine Seele. Lo-li-ta: die Zungenspitze macht drei Sprünge den Gaumen hinab und tippt bei Drei gegen die Zähne. Lo. Li. Ta.« Sue Lyon brachte nur ein schwaches Lendenfeuer auf die Beine, trat bald von der Leinwand ab und geriet in Vergessenheit.

Eine feuerspeiende Jungfrau war Linda Blair in *Der Exorzist* (The Exorcist,

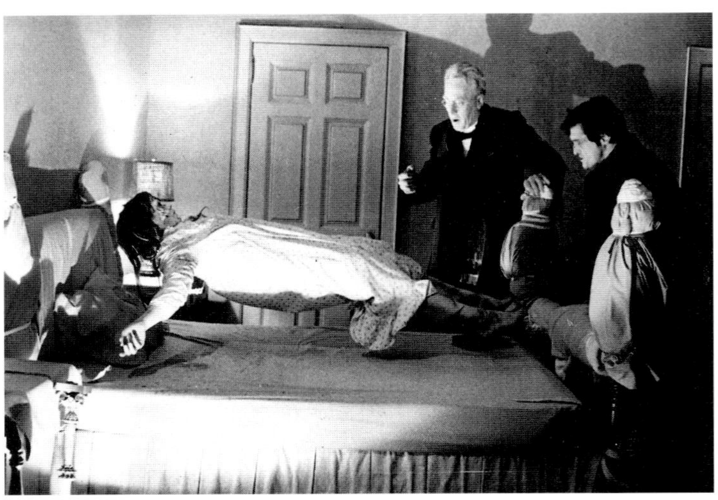

Linda Blair.

1973). Sie spuckte aber, genau genommen, nur grünen Schleim, war von fremden Mächten besessen (dem Teufel im Mann?) und wand sich in konvulsivischen Zuckungen.

Carrol Baker.

Berühmt als kitzlige Kindfrau wurde dagegen Carrol Baker mit *Baby Doll* (1956), einem Südstaaten-Erotikon nach einem Drehbuch von Tennessee Williams, das mit dem platten deutschen Untertitel »Begehre nicht des anderen Weib« bei uns in die Kinos kam.

Carrol Baker schmollt und räkelt sich in diesem Film im dünnen Nachthemd durch die Szenen und bleibt dabei »unschuldig«, was heißen soll, daß der Liebesakt mit ihrem aristokratischen Ehepartner nicht vollzogen wird – bis dann der gierige mexikanische Nebenbuhler die unterdrückte Lust zu einem eruptiven Ausbruch bringt.

Carrol Bakers erotische Ausstrahlung überschritt dabei das Nymphenhafte, das »Kindliche«, sie war vielmehr ein epigonenhaft an Jean Harlow orientierter Vamp-Typ und erscheint deshalb in den Rollen ihrer frühen Filme leicht oversexed.

In einem Punkt ist sie allerdings modern wie eine Kindfrau von heute: In der Betonung der Unberührbarkeit, der Unschuld, schlägt sie eine intime Brücke zu modernen Lolitas wie Brooke Shields, die als eiserne Jungfrau von Hollywood die Nymphe der neunziger Jahre repräsentiert.

Jodie Foster hat von all diesen Frauen etwas, ist aber doch ganz anders, ein neuer, noch nie dagewesener Typ. An Frauen wie Marion Michael oder Linda Blair erinnert sie überhaupt nicht, an Jane Birkin schon eher. Immerhin nahm sie bereits in jungen Jahren eine Platte mit dem Titel »When I Looked At Your Face« auf, die den Regisseur Martin Scorsese zu dem Kommentar veranlaßte: »Jodie hatte schon als Elfjährige eine Stimme wie Humphrey Bogarts Witwe Lauren Bacall.«

Vor allem in ihren frühen Filmen war sie eine Kindfrau, eine Lolita, gab dieser Rolle aber schon damals eine eigene Note und entwickelte sich dann weiter.

Jodie Foster ist eine Frau, die gern mit dem Feuer spielt. Die nicht einsieht, weshalb sie nicht in sexy Klamotten in eine Bar gehen und intensiv flirten kann, ohne gleich vergewaltigt zu werden. Sie stellt einen Anspruch, der jedoch häufig mit den realen Gegebenheiten kollidiert.

Auffallend ist, wie häufig sie Rollen gespielt hat, in denen sie vergewaltigt, geschlagen, mißbraucht wurde. Neben dem Film *Angeklagt* war dies auch in *Das Hotel New Hampshire* der Fall, allerdings im Stil einer Farce. In *Mesmerized* (1985) heiratet sie als unschuldiges Nymphchen einen älteren, vom Sex besessenen Mann und kann sich nach Jahren des Leidens nur durch einen Mord von ihm befreien. Selbst die hochexplosive Love-Story, die Jodie Foster und Dennis Hopper in *Catchfire* (Backtrack, 1989) austragen, entbehrt nicht einer gewalttätigen Komponente.

Zu ihrem Film *Angeklagt* sagte Jodie Foster: »Man liest ständig etwas über Männer, die Frauen vergewaltigen, verstümmeln und töten, als sei es ihr ganz persönliches Recht. Tatsächlich wurden neunzig Prozent aller getöteten Frauen von ihren Ehemännern oder Freunden umgebracht. Nichtsdestoweniger zeigen die meisten Filme Frauen als Opfer, was dazu führt, noch mehr Gewalt herauszufordern.«

Es ist ihr wichtig, Frauen zu spielen, die Opfer werden, die dann aber nicht der Opferrolle verhaftet bleiben, sondern darüber hinauswachsen.

Im Hollywood-Film gibt es den Begriff *Lady in distress*, was man mit »Frau in Not« oder, vornehmer, »Dame in Bedrängnis« übersetzen kann. Die Kennzeichnung verlangt aber nach einer (unausgesprochenen) Ergänzung: dem männlichen Helden, meist einem edlen Ritter, der die Lady aus der Bedrängnis rettet.

Diesen Ritter gibt es in Jodie Fosters Nymphenwelt nicht. Sie bevorzugt andere Lösungen, wie aus ihrer folgenden Aussage hervorgeht: »Ich liebe es, Charaktere zu spielen, die einem klassischen Konflikt ausgesetzt sind. Nämlich eine miserable persönliche Situation aus eigener Kraft überwinden zu müssen.«

Jodie Foster leistet mit ihren dramatischen und leidvollen Opferrollen einen engagierten Beitrag zum Thema Gewalt gegen Frauen. Dabei schreckt sie auch vor reißerischen Trivialfilmen nicht zurück, im Gegenteil, solange sie die Lämmer nicht zum Schweigen bringen kann, geht für sie der Kampf weiter.

Jodie Foster will kein Opfer sein, sie ist der Lolita-Rolle längst entwachsen. Sie repräsentiert die selbstbestimmte Frau im amerikanischen Film von heute. Sie ist verletzlich, wütend, kaltschnäuzig, frech. Sie ist inzwischen keine Kindfrau mehr, sondern ein gefallener Engel. Eine Nymphe, die erwachsen geworden ist.

In *Das Schweigen der Lämmer* war Jodie Foster weder eindeutig Opfer noch Täterin, sondern die »weibliche Inkarnation eines mythischen Helden«.

Das Mädchen am Ende der Straße *Geschichte einer traumhaften Karriere*

»Miss Coppertone«

Jodie Foster wurde am 19. November 1962 in Los Angeles geboren. Ihre Eltern hatten sich bereits vor ihrer Geburt getrennt. Ihre Mutter Evelyne »Brandy« Foster hatte an dem Tag die Scheidung eingereicht, an dem sie erfuhr, daß sie mit ihrem vierten Kind schwanger war – mit Jodie. Sie zog dann mit den Kindern von Illinois an die amerikanische Westküste.

Die Mutter erhielt von Vater Lucius Foster keinerlei Unterstützung. Jodie erklärte später in Interviews, daß sie ihren leiblichen Vater nur drei- oder viermal zu Gesicht bekommen hat.

Evelyne Foster arbeitete als Publizistin und war zeitweise für den Filmproduzenten Arthur Jacobs in Hollywood tätig.

Mit zweieinhalb Jahren posierte Klein Jodie erstmals vor der Kamera – mit bloßem Hintern in einem Werbespot für das Sonnenöl »Miss Coppertone«. Diese Aufnahmen sollten eine durchschlagende Wirkung erhalten, auch wenn man Jodie nicht gerade als ein »Fräulein Kupferton« bezeichnen kann. Sie war weder damals noch heute eine Exotin mit kupferfarbener Haut, sondern ist von ihrer Erscheinung und Herkunft her eher das genaue Gegenteil: weiß, protestantisch, angelsächsisch – mit deutschen Vorfahren unter ihren Großeltern.

Jodie Foster wird selbst heute noch, Anfang der neunziger Jahre, also Jahrzehnte später, immer wieder auf die »süßen« Werbebilder für »Coppertone« angesprochen und reagiert darauf meist allergisch. »Jeder Fetischist im Lande schickt mir so ein Bildchen – Gott allein weiß, woher diese alten Abzüge immer wieder kommen – und will es von mir signiert haben. Aber ich weigere mich hartnäckig. Denn irgendwo muß man einfach eine Grenze ziehen!«

Nach dieser »Coppertone«-Werbung ging es rasch bergauf mit der kleinen Alicia Christian Foster, wie Jodie mit ihrem richtigen Namen heißt. Sie wurde danach in nicht weniger als vierzig Werbespots abgelichtet. Mutter Evelyne förderte die Karriere ihrer Tochter bereits, als sich diese noch im fortgeschrittenen Krabbelalter befand, und bewerkstelligte das offensichtlich so geschickt, daß die Kleine keinen größeren Schaden nahm. So wurde ihre Mutter im Lauf der Jahre ihre Mana-

Jodie Foster bei einer Filmpremiere in Hollywood.

gerin, Freundin und engste Vertraute – ein Verhältnis, das auch Anfang der neunziger Jahre, als Jodie Foster bereits ein internationaler Kinostar war, ungebrochen fortbestand.

TV-Produktionen war die in 78 Folgen ausgestrahlte Serie *Eddies Vater*. In der besonders beliebten Reihe *Paper Moon* übernahm das Wunderkind Jodie sogar bereits die Hauptrolle. Weitere publikumswirksame Serien mit ihr waren *My three Sons, Bob & Carol & Ted & Alice, Tom Sawyer* und *Bonanza*.

Johnny Whitaker, Jodie Foster und ein weiterer »Hauptdarsteller« in *Flucht in die Wildnis*.

Das Fernsehen kommt

Schon bald klopfte das Fernsehen an die Tür, und Jodie Foster tauchte als Kinderdarstellerin in verschiedenen TV-Serien auf.

Ihr Debüt gab sie im zarten Alter von sechs Jahren in der Reihe *Mayberry* von CBS, in der auch ihr Bruder mitspielte. Eine der bekanntesten

Ohne Übertreibung läßt sich sagen, daß Jodie Foster bereits im zarten Kindesalter, in dem andere Kids noch das kleine Einmaleins und das Alphabet üben, ihre Geschwister und ihre Mutter, also die ganze Familie, durch ihre Mitwirkung in Fernsehserien ernähren konnte.

Mutter Evelyne »Brandy« Foster erläuterte einmal: »Jodie war ein untraditionell aussehendes Mädchen . . . und ich denke, das hat viel mit ihrem Erfolg zu tun. Es war die Zeit der beginnenden ›Women's Lib‹, und Jodie verkörperte diesen Typ als Kind. Sie besaß eine gewisse Strenge und einen Mangel an Koketterie. Vielleicht kam das daher, daß sie keinen Vater hatte, der zu ihr sag-

Jodie Foster (links) als Sängerin Tallulah in *Bugsy Malone*.

»Ich hatte eine total normale Jugend.«
JODIE FOSTER

te: ›Dreh dich herum, und zeig Daddy, wie hübsch du aussiehst.‹«

Man darf dabei nicht übersehen, daß der neue Liebling des Fernsehpublikums bis dahin keine einzige Stunde Schauspielunterricht genommen hatte. Auch als der erste Kinofilm angesagt war, dachte Jodie Foster nicht daran, dieses Versäumnis – wenn es denn überhaupt eins war – nachzuholen. Jahre später erklärte der Star dazu in einem Interview:

»Ich habe nie eine Schauspielschule besucht und auch nie ein Lehrbuch gelesen. Schauspielen ist kein Handwerk, das man erlernen kann. Man hat es, oder man hat es nicht.«

Von Mark Twain bis Bugsy Malone

Ihr Kinodebüt gab sie 1972 mit *Flucht in die Wildnis* (Napoleon and Samantha). In diesem abenteuerlichen Streifen um zwei Kinder und ein Löwenbaby in der Wildnis von Oregon war die Zehnjährige bereits Partnerin des Stars Michael Douglas.

Diese erste Erfahrung mit richtiger Filmarbeit gestaltete sich für die junge Jodie Foster zu einem horriblen Erlebnis. Sie wurde bei den Dreharbeiten von einem Löwen angegriffen, der sie auch biß, aber zum Glück verlief die Sache am Ende glimpflich, und sie kam ohne eine ernstliche Verletzung davon.

Dieser Schock hielt sie auch nicht davon ab, weiter Filme zu drehen. In ihrem zweiten Spielfilm aus dem Jahr 1972, *Round up* (Kansas City Bombers), reichte es für Jodie nur zu einer Nebenrolle. Als Hauptdarstellerin des wenig aufregenden Streifens glänzte die Sexbombe Raquel Welch in der Rolle einer Rollschuh-Queen, Kinderstar Jodie Foster durfte ihre Tochter spielen.

Jodie Foster war Anfang der siebziger Jahre neben Tatum O'Neal der beliebteste Kinderstar in den USA. Tatum gewann zwar bereits 1972 ihren ersten Oscar, mit *Paper Moon* (Paper Moon) an der Seite ihres Vaters Ryan O'Neal, sie wurde danach aber in ihrer Karriere von Jodie Foster bei weitem überrundet.

Tatum erregte in späteren Jahren nur noch durch ihre Heirat mit Tennisstar John McEnroe Aufsehen, während Jodie Foster ihr Publikum mit außergewöhlichen Leistungen auf der Kinoleinwand fesselte.

In einer traditionellen Mark-Twain-Verfilmung wechselte der Jungstar 1973 in *Tom Sawyer* das Geschlecht und sprang als frecher Lausejunge durch die bekannte Szenerie.

Als nicht ganz gelungenes Experiment stellte sich danach Alan Parkers Gangsterfilm-Parodie *Bugsy Malone* (1975) heraus, in der er die kruden Rituale und Klischees der Unterwelt von Kindern spielen ließ, um so überraschende Verfremdungseffekte zu erzielen. Dabei kommt leider wenig Spannung auf, und das Thema wird allzusehr verniedlicht, bereitet aber dem Kenner immerhin ein gewisses Aha-Erlebnis.

Jodie Foster hatte hier »nur« die zweite weibliche Hauptrolle; als flottes Flittchen und Nachtklubsängerin

spielte sie aber die anderen Kids an die Wand.

Sieht man einmal von *Flucht in die Wildnis* ab, galten die ersten Rollen des Kinderstars Figuren im Kindesalter, die nie die Chance hatten, wirkliche Kinder zu sein. Regisseur Alan Parker hat diese coole, abgeklärte Haltung Jodie Fosters in *Bugsy Malone* wohl unbewußt kultiviert.

Ihr erster Film unter der Regie von Martin Scorsese hieß *Alice lebt hier nicht mehr* (Alice Doesn't Live Here Anymore, 1974). Als freches Gör und als raffinierte Ladendiebin, die auch bereits einen kindlichen Flirt erlebt, war Jodie Foster hier ganz in ihrem Element und überzeugte darüber hinaus Scorsese von ihrem Talent.

Der kleinen Jodie fiel es offensichtlich leicht zu spielen, und die Kamera gehörte von Beginn an zu ihrem Leben. In einem Interview von 1992 sagte sie:

»Ich bewege mich vor der Kamera völlig relaxed und ungezwungen, weil ich doch damit aufgewachsen bin. Das ist einfach keine große Sache für mich. Aus dieser Zeit habe ich auch diese total professionelle Einstellung zur Schauspielerei: Wenn die Kamera läuft, ist es vollkommen egal, ob ich schlechte Laune habe, meine Katze krank ist oder die Welt untergeht – ich tue, was ich tun muß. Fertig.«

»Hollywood ist für mich eine Stadt und kein Mythos, ich habe einfach da gelebt.«

JODIE FOSTER

Gangster, Showgirls und Bandenkriege: Im Musical *Bugsy Malone* traten ausschließlich Kinder auf.

Ein Wunderkind

Fred Tate ist nicht nur ein talentierter Junge, sondern weitaus mehr: Er ist ein Wunderkind.

Mit zwei kann er lesen, mit vier schreibt er Gedichte, mit sieben malt er Aquarelle, komponiert und spielt Klavier wie der junge Mozart. Und hat auch schon sein erstes Magengeschwür. Denn er lebt nicht im romantischen Wien, sondern im Amerika von heute. Die täglichen Katastrophenmeldungen und die aggressive Umwelt sind ihm auf den Magen geschlagen. Denn er ist mindestens ebenso sensibel wie begabt.

Fred ist die Hauptfigur in Jodie Fosters erster Regiearbeit *Das Wunderkind Tate* (Little Man Tate, 1991). Es gebe zwar autobiographische Bezüge in diesem Film, erklärte die Schauspielerin in einem Interview, es sei aber auf keinen Fall ein autobiographischer Film. Immerhin gestand sie zu, daß es »der persönlichste Film ist, den ich bisher gemacht habe«.

In einem anderen Interview sagte sie: »Ich mochte die Idee, etwas über eine schwierige Kindheit zu machen . . . Ich habe als Kind sehr bewußt gelebt, es war eine komplexe, dunkle, märchenhafte Phase meines Lebens . . .

Der Film war wie ein Blick zurück in meine Kindheit. Ich konnte mich daran erinnern, wie mich meine Mutter ansah, als ich zehn war . . . und jetzt steckte ich in ihren Schuhen und fühlte dasselbe wie sie damals. Ich beobachtete Adam auf seinen Wegen auf dieselbe Weise, wie sie es mit mir gemacht hatte . . .

Aber ich war nicht wie Fred. Ich war sehr verschlossen, introvertiert. Und wenn ich allein sein wollte, dann weil ich isoliert war. Ich war kein sehr geselliges Kind, vor allem deshalb, weil ich mein Leben auf dem Set bei Dreharbeiten mit 85 Erwachsenen verbrachte. Die meiste Zeit hatte ich dabei den Wunsch, allein zu sein, um ein Buch lesen zu können.

Aber ich möchte die Art, wie ich aufwuchs, niemals missen. Sie machte mich zu dem Menschen, der ich geworden bin, formte meine Persönlichkeit.«

Jodie Foster bewegten aber auch noch andere Motivationen. Sie liebt Kinder und arbeitet gern mit ihnen. »Sie haben noch eine Reinheit in

Adam Hann-Byrd als Fred Tate.

dem, was sie tun und wie sie es machen. Kinder kann man nicht mit Geld locken, vielleicht mit Spaghetti, aber nicht mit Geld.«

Aber daß Jodie Fosters erstes Lichtspiel unter eigener Regie von einem Wunderkind erzählt, ist sicherlich kein Zufall.

Sie selbst war – wie Liz Taylor – eines jener populären Filmkinder, die Amerika in Begeisterung versetzten. Aber ihre Psyche wurde durch eine frühe Karriere nicht zerstört.

Auch Jodie konnte mit drei Jahren bereits lesen, und als sie fünf war, kam es vor, daß sie darauf bestand, ganze Passagen in ihren Drehbüchern zu ändern.

Jodie gehörte, auch abgesehen von ihren frühen Filmerfahrungen, zu jenen hochintelligenten und frühreifen Kindern, die es nicht leicht haben, und so erscheint es nur folgerichtig, daß sie diese besondere Thematik in den Mittelpunkt ihres Films stellte.

Allerdings stritt sie es in Interviews immer wieder ab, daß es schwierig sei, als besonders begabtes Kind aufzuwachsen.

Man fragt sich dann, weshalb sie den Film gemacht hat. Eine spekulative Erklärung könnte darin liegen, daß sie als vom Kopf her gesteuerte Frau zwar mit ihrer Situation umgehen konnte, aber ihre Disposition und das damit verbundene Dilemma bewußt mit filmischen Mitteln bearbeiten und etwas für ihre Gefühlswelt, ihren Bauch, tun wollte.

In diesem Zusammenhang erscheint eine Aussage bemerkenswert, die sie über ihre Hauptfigur Fred Tate gemacht hat. »Intelligenz ist nur sekundär für diesen Film. Das ist etwas, das man schnell akzeptiert, daß er diese speziellen Fähigkeiten hat. Diese Gaben sind weit weniger faszinierend als die Tatsache, daß er der sensibelste Mensch auf der Welt ist. Er ist jemand, der sehr tiefe Gefühle hat und ein großes Herz als Gegenstück zu seinem außergewöhnlichen Gehirn.«

So handelt dieser Film auf Umwegen eben doch von Jodie Foster und den offenen oder verdeckten Konflikten ihrer Kindheit. Beispielsweise von der Schwierigkeit, daß begabte Kinder zwar mehr im Kopf haben als andere, trotzdem aber keine kleinen Erwachsenen sind und bezüglich bestimmter Fragen wie Sexualität oder zwischenmenschliche Beziehungen auch nicht mehr wissen als andere Kinder.

Anders gesagt, daß sie genauso kindliche Bedürfnisse haben wie jedes durchschnittliche Kind, was sich insbesondere auf Freundschaften und Kommunikation bezieht. Sie wollen spielen, sich herumbalgen, durch die Gegend strolchen, auf Bäume klettern, auf Ponys reiten und was es sonst an jugendlichen Vergnügungen gibt. Da sie sich aber oft in ihre eigene Welt zurückziehen und »normale« Kinder auf grausame Weise dazu tendieren, Außenseiter links liegen zu lassen, finden begabte Kinder häufig keinen Kontakt zu Gleichaltrigen. Sie fühlen sich deshalb gemieden und isoliert.

In *Das Wunderkind Tate* kommt dieses Problem zum Ausdruck, als Fred mit seiner Mutter nachts vor dem Einschlafen Schattenraten spielt und dabei an den Wänden immer Sinnbilder von Einsamkeit und Tod zu erkennen glaubt.

Fred steht, vermutlich ähnlich wie damals Jodie, vor der Frage, ob er versuchen soll, seine Begabung zu unterdrücken, um leichter Anschluß an andere Kinder zu finden, oder ob er sich im Gegenteil bewußt von ihnen absetzen soll, um aus seinen besonderen Fähigkeiten den größtmöglichen Gewinn zu ziehen.

Im Film werden diese konträren Positionen durch zwei Frauen repräsentiert: Freds Mutter (gespielt von Jodie Foster selbst), die für ein einfaches, unkompliziertes, aber emotionell ausgefülltes Leben steht, und die Psychologin Jane Gierson (Dianne Wiest), die ein Institut für Hochbegabte leitet und Fred auf eine »Odyssee des Geistes« schicken will (was sie dann auch tut).

Ob Jodie Foster selbst als Kind unter Einsamkeit litt und wie viele Freunde und Freundinnen sie hatte, ist nicht bekannt. Sie hat sich darüber nie geäußert. Aber zweifellos hat sie dieses Problem in ihrem Film scharf akzentuiert. Wobei man ihr zugestehen muß, daß es darüber hinaus ein allgemeines gesellschaftliches Problem darstellt, das auch weniger Begabte betrifft.

Wie wichtig ihr dieser Aspekt war, veranschaulichen einige Sätze Jodie Fosters zur Frage der Besetzung der

Adam Hann-Byrd und Jodie Foster in *Das Wunderkind Tate.*

Hauptrolle. Nachdem sie mehr als hundert Kinder getestet hatte, kam Adam Hann-Byrd, und sie wußte sofort, daß er der richtige war. »Dieses Gesicht, der offene Mund, er ist faszinierend! Adam sieht ein bißchen aus, als sei er von einem anderen Stern.«

Das Mädchen Iris

Jodie Foster hatte ihren Babyspeck noch nicht verloren, als sie bereits auf den Strich ging: Kokett tänzelnd auf hohen Plateausohlen, in scharfen Hotpants und mit einer dünnen Bluse bekleidet, die ihre kleinen Brüste aufreizend zur Geltung brachte.

Jodie Foster privat im Alter von zwölf Jahren.

So erschien sie in *Taxi Driver,* ihrem zweiten Film mit Martin Scorsese. Der Regisseur hatte bereits bei *Alice lebt hier nicht mehr* erkannt, welches Potential in Jodie Foster steckte. Ihr Talent war auffallend genug, um ihr endlich auch eine ganz große Aufgabe anzuvertrauen. Scorsese gab ihr neben Robert De Niro und Cybill Shepherd eine Hauptrolle in *Taxi Driver* und machte den in den USA bereits renommierten Kinderstar damit auch international bekannt.

Taxi Driver, ein anspruchsvoller und brisanter Film aus dem Dickicht der Städte, handelt von falschem Gerechtigkeitssinn, Gewalt und Kinderprostitution. *Taxi Driver* ist ein gewalttätiger und irritierender Film, der manchen Betrachter ratlos zurückließ, heftige Diskussionen auslöste und vor allem die amerikanischen Frauenverbände auf die Barrikaden brachte.

Es war insbesondere Jodie Foster als minderjährige Film-Nutte Iris, die die Gemüter in Wallung versetzte und für harte Konfrontationen sorgte.

In dem Film gehe es um »Einsamkeit, sexuelle Frustration und verdrängte Gewalt«, faßte Regisseur Martin Scorsese die Motive des Streifens vereinfachend zusammen.

Der junge Vietnamveteran Travis Bickle (Robert De Niro) fährt nachts mit dem Taxi durch die Stadt, weil er keinen Schlaf mehr finden kann. Er nimmt jede Fahrt an, auch in die ausgefallensten und gefährlichsten Bezirke New Yorks, er befördert Herren und Dealer, Politiker und Ganoven, Dirnen und Damen und lernt so das Elend, das Verbrechen und den moralischen Sumpf der Großstadt kennen. Er meint, daß irgendwann der große Regen kommen muß, um diesen Abschaum von der Straße zu spülen.

Travis bereitet sich auf diesen Augenblick vor, indem er in seiner Wohnung ein großes Arsenal an Schußwaffen anlegt und sich körperlich in Form bringt. Denn eines Tages werden seine Resignation und seine Verzweiflung in Wut und Aggression umschlagen.

Travis ist ein einsamer, psychotischer Außenseiter, der insbesondere mit Frauen nicht zurechtkommt.

Zweimal versucht er, Kontakt zu ihnen aufzunehmen. Beim erstenmal scheitert er an einer blonden Schönheit, die im Wahlbüro eines Präsidentschaftskandidaten arbeitet. Als er sie, ohne sich viel dabei zu denken, in ein Pornokino einlädt, bricht sie die Beziehung empört ab. Sein zweiter Versuch gilt der minderjährigen Dirne Iris, die eines Tages in sein Taxi einsteigt. Auch diese Beziehung gestaltet sich schwierig – Travis schreibt in sein Tagebuch: »Ich bin Gottes einsamster Mann« –, aber er

»Man lernt etwas durch Kopfschmerzen, Tragödien und wenn man versucht zu überleben – ich habe nichts gelernt durch Oscars, Kino oder Moneten.«

JODIE FOSTER

Jodie Foster als Iris in *Taxi Driver.*

hat jetzt endlich ein Ziel: Er will Iris aus diesem »verkackten, miefigen Sumpf ›retten‹«.

Um das zu schaffen, greift er zum äußersten Mittel, wobei seine moralisierend-psychopathischen Züge voll ans Tageslicht kommen. Travis vollzieht sozusagen einen symbolischen Abstieg in die Unterwelt, er wird zum Orpheus des Blutrausches. Dabei interessiert ihn wenig, was Iris eigentlich will. Sie ist möglicherweise schon so tief in diese Welt verstrickt, daß ihr eine Rückkehr in die »Oberwelt«, zu ihren langweiligen Eltern nach Pittsburg, wenig verlockend erscheint.

Jodie Fosters Auftritt als Iris im zweiten Teil des Films setzt mit zwei kurzen Episoden ein. Zuerst will sie in das Taxi von Travis steigen, wird aber von ihrem Zuhälter, den Harvey Keitel spielt, wieder herausgezerrt.

Etwas später scheint Travis sie wiederzuerkennen, als sie mit einer Kollegin die Straße überquert und dann mit einem Kerl abschiebt.

In beiden Fällen ist ein breitkrempiger weißer Hut – ein Symbol für Unschuld? – ihr Erkennungszeichen. Beim dritten und nicht mehr zufälligen Treffen wartet Travis auf der Straße in ihrem Revier, bis Iris mit ihrer Kollegin wieder vorbeitrippelt, und spricht sie an. Sie gehen nebeneinander her, und Iris fragt ihn unverblümt: »Suchst du was zum fikken?« Travis antwortet: »Ja.« Sie trägt wieder ihren Hut und enge rote Shorts. Und als sie den Hut abnimmt, kommen künstliche Locken wie bei einer auf Nutte getrimmten klassischen Filmdiva zum Vorschein. Ihr Gesicht ist relativ dezent geschminkt, das Make-up fällt nur bei den roten Lippen und den dunklen Augen auf.

Jodie Foster als Iris ist in dieser Szene ganz ohne Koketterie unglaublich sexy. Sie wiegt sich ein wenig in den Hüften und deutet einen Hauch von Verruchtheit an.

Travis (Robert De Niro) will Iris (Jodie Foster) in einer Cafeteria davon überzeugen, daß sie nach Hause gehört und wieder zur Schule gehen sollte.

»Grausamkeit ist wahrscheinlich eine sehr menschliche Eigenschaft, ein Bestandteil unserer Kultur. Aber trotzdem darf man sie nicht akzeptieren.«

JODIE FOSTER

Auf ihrem Zimmer wirkt sie locker, gelassen, ganz wie eine erfahrene Stricherin, cool und professionell. Gefühle haben mit der Angelegenheit nichts zu tun. Sie will schnell zur Sache kommen, er will wissen, ob sie wirklich erst zwölfeinhalb ist.

»Hören Sie, Mister, die Uhr läuft. Wenn die Zigarette verglüht ist, müssen Sie gehen«, lautet ihre Antwort. Sie versucht mehrmals, seinen Hosenschlitz zu öffnen, bis sie begreift, daß Travis »gar nicht will«. Statt dessen hält er ihr moralisierende Vorträge. Ob sie denn hier nicht wegwolle? Eigentlich nicht. Sport, ihr Zuhälter, ist gut zu ihr. Travis versteht es nicht. Redet wieder eindringlich auf sie ein. Versucht sich dann noch einmal normal mit ihr zu verabreden, nicht in dieser widerlichen Absteige. Iris meint, ihn zu verstehen, zeigt eine Spur von Dankbarkeit dafür, daß er sich »menschlich« um sie bemüht, ihr helfen will.

Am nächsten Tag treffen sie sich mittags in einer Cafeteria. Iris strahlt Jugendfrische aus und beißt in einen knusprigen Toast mit Marmelade. Sie ist ungeschminkt, trägt jetzt Jeans und ihre normale Frisur, blondes glattes Haar. Und eine lustige grüne Brille, die sie später durch eine dunkle ersetzt.

Sie ist eine unverbrauchte kindliche Schönheit, spontan, unbekümmert. Obwohl Travis ihren Zuhälter miesmacht und ihr wieder mit Moral kommt, bleibt Iris freundlich. Sie lacht sogar. Sie hält Stiere für die besten Liebhaber und fragt, was ihn eigentlich so hochmütig mache. Als er behauptet, sie sei ein nettes junges Mädchen, das nach Hause gehöre, beschuldigt sie ihn, ein Spießer zu sein. Zu Hause sei es langweilig, sie wolle nicht nach Pittsburg zurück.

Sie macht den Eindruck eines Schulmädchens, das bei einer Schüleraufführung eine Dirne spielt und selbst nicht weiß, wie es zu der Rolle gekommen ist.

Sie könne ja jederzeit weggehen, wenn sie wolle, erklärt sie ihm ein wenig naiv und ahnungslos. Eigentlich wollte sie schon längst aufs Land ziehen, in eine Kommune nach Vermont. Ob er nicht mitkommen wolle? Travis lacht verschämt. Nein, daraus mache er sich nichts. Er komme mit den Typen nicht zurecht.

Iris ist unvoreingenommen, von einer natürlichen Frische und Offenheit, die Travis beeindrucken. Sie scheint noch in jede Richtung formbar zu sein. Das fasziniert ihn an ihr. »Du bist ein Schatz«, sagt er und tätschelt ihre Wange väterlich. Sie wirkt absolut ehrlich, hat keine Vorbehalte und nichts zu verbergen. Im

Sport (Harvey Keitel) lullt die unzufriedene Iris mit falschen Versprechungen ein.

Gegensatz zu Betsy, die ihm den in seinen Augen harmlosen Mißgriff mit dem Pornokino nie vergeben hat.

Travis erzählt ihr, daß er einen wichtigen Regierungsauftrag habe. Die »gelbe Kiste« fährt er nur halbe Tage. Sie würden sich bald wiedersehen.

Immerhin ist Iris von Travis so beeindruckt, aber auch irritiert, daß sie anschließend ihrem Zuhälter Sport an den Kopf wirft, er kümmere sich kaum noch um sie, sie hätte keine Lust mehr und wolle weggehen. Worauf er die Zärtlichkeitsnummer abzieht, mit ihr engumschlungen tanzt und schwört, daß er ohne sie nicht leben könne. Sie ist einen Kopf kleiner als er. Iris wirkt in dieser Szene wie ein liebes Schulkind, das versehentlich in die falsche Klasse geraten ist. Sports verlogene Sprüche sind für den Zuschauer zu leicht durchschaubar und lösen ein geradezu körperliches Unbehagen aus.

Der Kinogänger spürt, daß etwas faul ist und eine Katastrophe in der Luft liegt. In der nächsten Szene macht Travis Schießübungen. Er rüstet jetzt endgültig auf, um mit dem ganzen Gesindel aufzuräumen.

Nach dem nicht ausgeführten – oder vielmehr von Sicherheitskräften vereitelten – Attentat auf den Senator folgt Travis' Amoklauf im Puff, bei dem Iris nichts weiter bleibt als Schluchzen und kindliche Verzweiflungsschreie – »erschieß ihn nicht«. Doch Travis wandelt bereits wie in Trance in einer anderen Welt zwischen Himmel und Hölle, wo er nichts mehr wahrnimmt.

Für Jodie Foster bedeutete diese Rolle ihre erste große Herausforderung – die sie überzeugend bestand. Sie glänzte in der Figur einer hinreißenden Kindfrau, die kein Kind mehr ist und auch noch keine vollerblühte Frau.

Für sie war es zweifellos ein Glücksfall, mit einem Mann wie Martin Scorsese zusammenzuarbeiten. Denn unter seiner Regie kamen ihre Talente voll zur Enfaltung.

Obwohl sie in *Taxi Driver* hinter Cybill Shepherd wieder einmal nur die zweite weibliche Hauptrolle hatte, gelang es ihr mühelos, alle Aufmerksamkeit auf sich zu ziehen. Was natürlich auch mit dem Sensationscharakter der von ihr verkörperten Figur zusammenhing.

Kurioserweise mußte sie vor Beginn der Dreharbeiten einen »merkwürdigen« Test über sich ergehen lassen: »Ehe es losging mit *Taxi Driver*, verbrachte ich vier Monate viele Stunden bei einem Psychotherapeuten (wörtlich: einem Seelenklempner). Er sollte herausfinden, ob ich normal genug war, eine Hure zu spielen. Ergibt das irgendeinen Sinn? Er fragte mich nach meinen Lieblingsspeisen und ob ich einmal heiraten wolle. Ich sagte, nicht mit dreizehn.«

Jodie Foster erklärte nach der Uraufführung des Films, daß Kinder heute weitaus aufgeklärter seien, als Erwachsene dies wahrhaben wollen, und daß »jedes Kind in meiner Schulklasse weiß, was Strichmädchen tun«.

Jodie Foster spielte alle Szenen in *Taxi Driver* selbst. Sie fand es lächerlich, daß scheinheilige Kritiker und Pharisäer immer wieder auf die Gefahr hinwiesen, die eine Rolle wie die der Iris für eine jugendliche Schauspielerin angeblich mit sich brächte: »Mir brauchte kein Mensch zu erklären, was da im Drehbuch stand.«

»Der beste Regisseur ist derjenige, der die Gesamtvision des Films fertig im Kopf hat und der dem Schauspieler erlaubt, diese Vision freizusetzen.«
JODIE FOSTER

Symbole und Zeichen

Martin Scorsese zählt zu den besten Regisseuren von New Hollywood, wenn auch nicht zu den erfolgreichsten. Die Filme des Katholiken italienischer Herkunft kreisen immer offen oder verdeckt um Heilsfragen, um Verdammnis oder Erlösung. Ob jeder in seiner eigenen Hölle zurechtkommen muß oder ob sich doch ein Ausweg (Heilsweg) finden läßt. Überzeugender als in jedem anderen seiner Filme hat Scorsese sein ureigenstes Problem in *Taxi Driver* genau auf den Punkt gebracht – in kongenialen Bildern, deren schillernde Bedeutungsvielfalt weit über die Story hinausreicht.

Vordergründig versammelt Taxi Driver einige der zentralen Kritikpunkte am *American way of live*. Es geht um den moralischen Verfall der Gesellschaft, einen illusionslosen Blick auf den zwielichtig-kriminellen Charakter der nächtlichen Großstadtszenerie, um Kinderprostitution und schließlich um den psychisch gestörten Helden als Gewalttäter in einer typisch amerikanischen Spielart: in Gestalt des Amokläufers.

Aus diesen Zutaten ließe sich ein reißerischer Actionfilm komponieren, was *Taxi Driver* unter anderem auch ist. Darüber hinaus ist der Film je-

Jodie Foster fand als Babynutte Iris in *Taxi Driver* erstmals international Anerkennung.

doch mit vielfältigen Zeichen, Motiven und untergründigen Bedeutungen aufgeladen, die seine eigentliche Qualität ausmachen.

Der Film beginnt mit einer alles Lebendige bedrohenden giftigen Abgaswolke, die aus Gullys und Autoauspuffrohren austritt – Symbol für die reale, aber auch psychologische Umweltverschmutzung unserer Gegenwart.

Das Taxi wie auch die Wohnung von Travis Bickle erscheinen als hermetisch abgeschlossene Orte, die die Isolation des Helden symbolisieren.

Scorsese verwandte ausgewählte Kamerapositionen, die die Vertikale betonen, beispielsweise von der vorderen Stoßstange des Wagens auf die glitzernden Neonreklamen. Und nach dem Amoklauf im Zimmer blickt die Kamera von oben auf die Figuren, als könne Gott eine Antwort auf die schrecklichen Ereignisse geben.

Die christliche Symbolik ist in *Taxi Driver* unübersehbar. Travis schafft sich pseudoreligiöse Ersatzrituale: Asketisch hält er seine Hand über eine Flamme, um sich abzuhärten. Oder er verbrennt die Blumen, die Betsy nicht annehmen wollte und zurückgehen ließ.

Ehe er zu seinem Amoklauf ansetzt, schreibt er in sein Tagebuch: »Ich hatte nie die Wahl zwischen zwei Möglichkeiten.« Als er nach der Tat verletzt auf dem Sofa in Iris' Zimmer liegt und ein Polizist erscheint, hält er sich seinen eigenen blutüberströmten Finger an die Schläfe und drückt dreimal ab – Symbol der Dreifaltigkeit.

Doch Travis ist kein blindwütiger Aktionist. Im Gegenteil, man muß ihn als Grübler und Spintisierer sehen, der lange nach einem Ausweg gesucht, aber keinen gefunden hat. Um dann die Destruktion zu wählen, die reinigende Katharsis. Wenn er schon den Abschaum nicht von den Straßen herunterspülen kann, will er ihn wenigstens durch ein Blutbad abwaschen.

Die Frankfurter Rundschau urteilte über den Film und seinen Helden: »Zweimal versucht er, Kontakt zu Frauen zu finden: zu der blonden Middle-class-Schönheit, die im Wahlbüro eines Phrasen dreschenden Präsidentschaftkandidaten arbeitet; und zu einer zwölfjährigen Prostituierten, die ihm mehrfach über den Weg läuft. Beidemal will er den Frauen – ›Engel‹ und ›Hure‹: puritanische Frauenbilder des Films – ›helfen‹ und sie aus dem ›Dreck‹ und ›Schlamm‹ ihrer Umwelt ›retten‹; und beidemal trifft er auf Unverständnis.«

Der Drehbuchautor Paul Schrader erläuterte: »Der Film ist über ein Auto als Symbol der Einsamkeit in der Stadt, ein metallener Sarg.«

In der Süddeutschen Zeitung war zu lesen: »Scorseses Film spielt in

Jodie Foster in *Ein ganz verrückter Freitag.*

der dreckigsten, massivsten New York City und beginnt mit stillen Impressionen von sinnloser, unmotivierter Gewalt: Jugendliche provozieren Nutten, zwei alte Leute schlagen grundlos aufeinander ein. Ein Neger rennt plötzlich schreiend davon. Es ist heiß und stickig, die Luft scheint stillzustehen, alles riecht: Die Gegenstände zeigen ihr Innenleben, hinter der massierten, bedrohlichen Ruhe wird wartende Aggression spürbar: die Innenwelt der Außenwelt.«

Jodie Foster selbst urteilte über *Taxi Driver*: »Das ist mein Lieblingsfilm, einer der besten, die je gemacht wurden. Eine gelungene Studie über Gewalt, Einsamkeit, Anonymität, also über Amerika.«

Jodie Foster wurde für den Oscar nominiert, und sie gewann den international bedeutenden British Academy Award für ihre Darstellung der jungen Iris.

Das Ende einer Kindheit

Als *Taxi Driver* abgedreht war, ging Jodie Foster zwar noch zur Schule, doch sie hatte sich mit dieser Rolle aus dem Metier des Kinderstars verabschiedet. Die Tür zurück zur Kindheit war endgültig ins Schloß gefallen. Für sie begann nun die harte Übergangszeit vom Mädchen zur jugendlichen Erwachsenen, eine schwierige Phase, an der nicht wenige Stars gescheitert sind.

Jodie Foster wurde in der Folgezeit immer wieder auf den psychologischen Test angesprochen, den sie vor den Dreharbeiten zu absolvieren hatte, um herauszufinden, ob sie in der Lage war, Fiktion und Wirklichkeit zu unterscheiden.

In einem Interview sagte sie dazu: »Wenn ich es nicht gekonnt hätte, wäre es sowieso zu spät gewesen. Sie fragten mich doch tatsächlich, ob ich genauso sei wie Iris. Robert De Niro erzählte mir, daß auch er häufig gefragt wurde, ob es bei ihm eine innere Verwandtschaft zu Travis Bickle gäbe. *Taxi Driver* ist tatsächlich einer jener Filme, die am tiefsten im Gedächtnis haften geblieben sind – eine Art Kultphänomen . . .

Ich meine, daß Iris eine gute Rolle war, daß ich gern so ein ausgekochtes kleines Luder darstelle, dabei aber nie das Gefühl habe, selbst eine Hure zu sein, ich ›spiele‹ sie eben nur – in diesem Fall eine kleine Naive.«

Der Film rief – nicht zuletzt wegen seines brisanten Themas – in der Öffentlichkeit die höchste Aufmerksam-

Der Vater am Schreibtisch wundert sich, daß seine Tochter auf seine Sekretärin eifersüchtig ist (*Ein ganz verrückter Freitag*).

keit hervor. Doch die nachhaltigste – und für Jodie Foster schockierendste – Wirkung zeigte sich erst einige Jahre später; als Jodie Foster längst mit ganz anderen Themen beschäftigt war, holte sie Iris noch einmal auf unliebsame Weise ein, worüber noch zu sprechen sein wird.

Natürlich wurde sie durch den Film *Taxi Driver* bekannt wie ein bunter Hund. Sie war jetzt auch als Besetzung für mehr oder weniger anspruchsvolle Teenie-Rollen allererste Wahl.

Die Schülerin Jodie Foster besuchte zu dieser Zeit das zweisprachige Lycée Français in Los Angeles, das sie im Juni 1980 als Klassenbeste abschloß. Das bedeutete nicht nur, daß sie die französische Sprache fließend beherrschte, sie war auch in der Lage, in französischen Filmen ihren Text selbst im Original zu sprechen.

So spielte sie an der Seite von Sydne Rome und Jean Yanne in dem französischen Film *Fetzig, frei und endlich high* (Moi, fleur bleue, 1977) eine Hauptrolle in einer jener zu dieser Zeit beliebten »freizügigen« Teenagerkomödien.

Jodie Foster als Rhynn in *Das Mädchen am Ende der Straße.*

Ein schwarzer Engel

Ihre erste wirkliche Hauptrolle, die sie ganz in den Mittelpunkt der filmischen Erzählung stellte, bekam Jodie Foster in *Das Mädchen am Ende der Straße.* Hatte Robert De Niro in *Taxi Driver* für sie gemordet und eines der schrecklichsten Blutbäder der Filmgeschichte angerichtet, so nahm sie diese Sache nun selbst in die Hand. Allerdings auf leise, subtile Weise, ganz unspektakulär und ohne Knalleffekte.

In dieser französisch-kanadischen Koproduktion, die von dem in Ungarn geborenen Schweizer Regisseur Nicolas Gessner inszeniert wurde, konnte sie wieder französisch sprechen. Die Story basiert auf einem Erfolgsroman des amerikanischen Autors Laird Koenig.

Erzählt wird die geheimnisvolle Geschichte des dreizehnjährigen Mädchens Rhynn, das in einem Küstenort völlig zurückgezogen in einer einsam gelegenen Villa wohnt. Seit langem hat niemand seinen Vater oder seine Mutter gesehen. Das weckt die Neugier der Leute im Ort, die das Mädchen nicht in Ruhe lassen können und immer wieder versuchen, in seine Intimsphäre einzudringen.

Verschiedene Personen nutzen das amerikanische Kinderumzugsfest Halloween, das gleichzeitig ein Tag der Gespensterbeschwörung ist, um sich Rhynn zu nähern. Am Ende gibt es in der Villa zwar keine Geister, aber ein paar Neugierige sind spurlos verschwunden.

Nacheinander erhält Rhynn, die nichts weiter will, als wie eine junge Erwachsene ihr eigenes Leben zu leben, Besuch von der Vermieterin, ihrem Sohn, einem Päderasten, einem harmlos-netten Polizisten und dem jungen Italiener Mario, dem sich das

> »In einer immer gewöhnlicher werdenden Welt ist es schwer, ein ungewöhnlicher Mensch zu sein.«
>
> JODIE FOSTER

Die neugierigen Nachbarn können Rhynn nicht in Ruhe lassen.

mißtrauische Mädchen schließlich anvertraut.

Es handelt sich bei *Das Mädchen am Ende der Straße* weder um einen Krimi noch um einen typischen Thriller. Der Film ist mehr ein psychologisches Kammerspiel mit sublimen Gruselelementen, das die Spannung neunzig Minuten lang hält, denn es gelingt dem Autor immer wieder, mit unerwarteten Wendungen für Überraschungen zu sorgen.

Jodie Foster spielt die Figur der Rhynn, dieses in sich ruhende Wesen, völlig natürlich, ohne überzogene Manierismen. Sie sieht zauberhaft aus mit ihren nachdenklichen Blicken und dem langen, glatten Haar. Sie ist eine Mischung aus Engelchen und Hexe, ein raffinierter Teenager mit einem grausamen Geheimnis, das man lieber nicht ergründen sollte.

Als sie am Ende von dem Päderasten in eine Falle gelockt und durchschaut wird, bietet sie ihm Tee an, nicht ohne vorher unauffällig ein Pulver hineinzuschütten. Dann stellt sie die Tasse mit dem Gift vor sich. Am Ende bleibt offen, ob sie damit einen Selbstmord plante oder das Mißtrauen des Mannes mit einkalkulierte, der die Tassen vertauscht, ehe er trinkt.

Der Film wurde in den USA und in Frankreich ein Riesenerfolg. Und die Kritik war sich darin einig, daß die schauspielerische Leistung der Kindfrau Jodie Foster einen entscheidenden Anteil am guten Einspielergebnis hatte. Das sah auch die deutsche Presse richtig:

»Der Film lebt von dem Spiel der vierzehnjährigen Amerikanerin Jodie Foster. Mit ihren Augen wird der Ablauf der von A bis Z spannenden Handlung gesehen, aus ihrer Perspektive beurteilt ... Es gibt eine Falltür im Haus. Es gibt Leichen. Auch in der Seele der zauberhaften kleinen Rhynn gibt es Falltüren«, schrieb die FRANKFURTER ALLGEMEINE ZEITUNG damals.

Und die FRANKFURTER RUNDSCHAU kommentierte: »Ein Film abseits aller Genres, ein ungemein professionell gemachtes, abgründig-sanftes Kammerspiel, das auf einer gut konstruierten Geschichte basiert und es deshalb nicht nötig hat, mit grobgestrickten Schock- und Grusel-Effekten zu spekulieren.«

An der Schwelle zum Erwachsenenalter in *Jeanies Clique.*

Ab der zweiten Hälfte der siebziger Jahre war Jodie Foster ein vielbeschäftigter Jungstar des zeitgenössischen Films. Ihre Arbeit beschränkte sich dabei nicht auf Hollywood, sondern sie reiste sozusagen filmend um die Welt – in den achtziger Jahren kam sie mit *Mesmerized* sogar bis nach Australien.

Neben der schon erwähnten französischen Teenagerkomödie *Fetzig, frei und endlich high* trat sie auch mit dem britischen Bonvivant David Niven in *Abenteuer auf Schloß Candleshoe* (Candleshoe, 1977) vor die Kamera.

Zwei Jahre später stand Jodie Foster im Mittelpunkt von *Jeanies Clique* (Foxes, 1979), einem Zeitgeistspiel über vier junge Mädchen im Los Angeles des Jahres 1979. Dieser Film liefert ein stimmiges Porträt der kalifornischen Jugend Ende der siebziger Jahre, die mit Disko, Parties, Drogen, flotten Sprüchen und lockeren Sexspielchen ihre innere Unsicherheit zu überspielen trachtete.

Der Film wurde unterschiedlich bewertet, als er in den deutschen Kinos anlief, und bei der FRANKFURTER ALLGEMEINEN ZEITUNG bekam auch Jodie Foster ihr Fett weg:

»Sweet little sixteen – gickelnde, prustende, kreischende, augenrollende, verliebte, alberne, pubertierende amerikanische Mädchen. Der Anfang von *Jeanies Clique* enthielt einige gut beobachtete, realistische Szenen dieser nur schwer erträglichen Spezies. Wenn man jung ist und in Los Angeles lebt, hat man Probleme – mit den Eltern, der Schule, der Polizei, den Drogen, der Liebe, den Halbstarken. An einem Rand des befreundeten Quartetts steht die labile und drogensüchtige Annie (Cherie Currie), am anderen Jeanie (Jodie Foster), die starke, hilfsbereite. Wenn Jodie Foster versucht, tiefsinnig zu spielen (›Weißt du, niemand ist bereit, den Schmerz in den Dingen zu spüren‹), wird es peinlich, und da der ganze Film von Adrian Lyne auf diesen Versuch baute, gab es viel Peinliches mit anzusehen. Je weiter die Handlung fortschritt, desto süßlicher wurde die Schnulze. Annie mußte sterben, um dem Film eine ›tragische‹ Note zu geben und um Jeanies Reifeprozeß als abgeschlossen zu demonstrieren. Die Freunde werden rechtzeitig alarmiert, damit sie dem dramatischen Sterben Annies zusehen und telegenen Schmerz zeigen können – eine Szene von vollkommenem Seifenopernformat.«

Dann begab sich Jodie Foster mit *Jahrmarkt* (Carny, 1980) ins Zirkusmilieu, um in einer Tingeltangel-Truppe als blonde Stripteasetänzerin Donna eine Show abzuziehen. Die junge Kellnerin Donna wird eines Ta-

»Ich bin nicht modern, ich bin wohl mehr ein traditioneller Typ.«

JODIE FOSTER

Jodie Foster in *Abenteuer auf Schloß Candleshoe.*

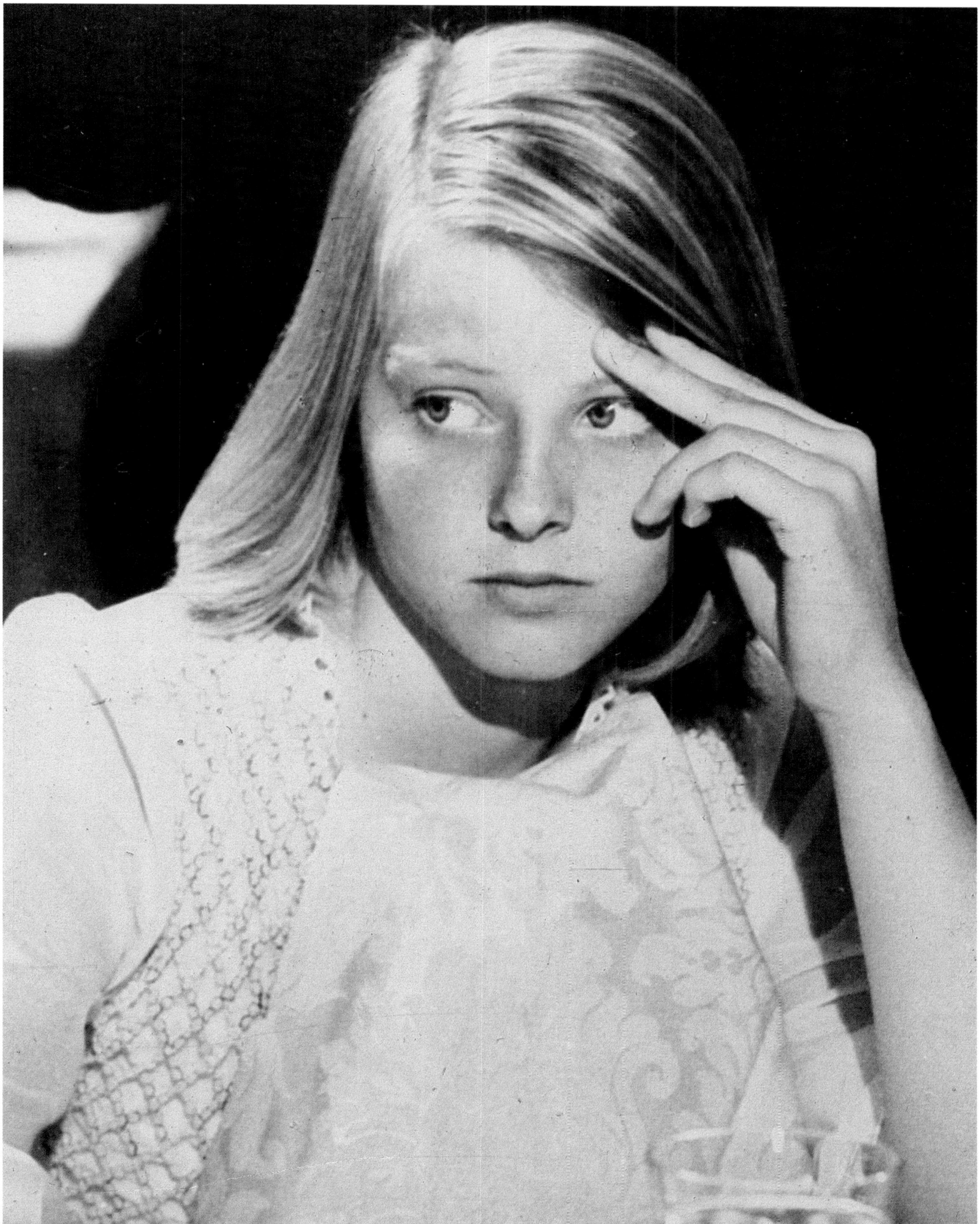

Jodie Foster in *Jahrmarkt.*

ges von dem Rummelplatz-Clown Frankie aufgegabelt, der mit einer ziemlich plumpen Nummer über Land zieht. Er läßt sich bei der Show in einen Wasserbottich sperren und dann vom johlenden Publikum mit Bällen abschießen. Frankies Partner Patch sieht ihre Freundschaft gefährdet, als Donna im Zirkus auftaucht und Frankie nur noch Augen für sie hat.

Nicht alle frühen Filme von Jodie Foster kamen in die deutschen Kinos, *Jahrmarkt* war aber zu sehen. Das Rummelplatz-Melodram wurde außerdem 1989 ins Programm des Ersten Deutschen Fernsehens aufgenommen und vom ARD-Magazin mit der Überschrift »Jodie Foster zwischen Artisten« vorgestellt. In dem Artikel hieß es dann:

Rummelplatzmilieu (*Jahrmarkt*).

Jodie Foster als Tingeltangelmädchen in *Jahrmarkt.*

»Der Film wider ein Klischee: dem vom romantisch verträumten Zirkusleben. Viele Jahre recherchierte Regisseur Robert Kaylor Leben und Alltag der wandernden Artisten, Akrobaten und Clowns, die nicht nur in den Vereinigten Staaten ständig um ihre Existenz kämpfen müssen, bis er sich 1980 an die filmische Umsetzung wagte. Das Ergebnis ist ein realistischer, aufrüttelnder Film, den zwei Aspekte so sehenswert machen: seine Wirklichkeitssuche und die herausragenden schauspielerischen Leistungen. Im Mittelpunkt steht Jodie Foster, der umjubelte Star der diesjährigen Filmfestspiele in Berlin.«

Die Süddeutsche Zeitung schrieb: »Sie war der Star der 89er-Berlinale, die amerikanische Schauspielerin Jodie Foster, die in Jonathan Kaplans Vergewaltigungs-Studie *Angeklagt* eine bravouröse Leistung ablieferte und in Hollywood dafür mit dem Oscar ausgezeichnet wurde. 1980, also vier Jahre nach ihrem Debüt-Erfolg in Nicolas Gessners Psycho-Krimi *Das Mädchen am Ende der Straße,* spielte sie – als verführerischer Teenager – die junge Kellnerin Donna, die sich einer Schaustellertruppe anschließt und zwischen zwei Männer gerät.«

Yale University

Ihre Vorliebe für europäische Geschichte, Kultur und Filmkunst wurde Jodie Foster von ihrer Mutter vermittelt. Weil es keinen Babysitter im Haus gab, nahm sie Klein Jodie abends in europäische Filme mit. »Ich mußte neben ihr in all den französischen, italienischen und deutschen Filmen sitzen, Nouvelle vague und so. Wir hatten ein französisches Auto, ein spanisches Haus, in italienischen Terrakotta-Farben gestrichen.«

Evelyne Foster muß man sich als gebildete, exzentrische und sehr anspruchsvolle Frau vorstellen, die den Geruch der engen Provinzstadt in Illinois loswerden wollte, als sie mit ihren Kindern an die Westküste zog. Die frühere Umgebung war, laut Jodie, ein bißchen zu calvinistisch, zu sauber, zu sehr Mittelwesten. Mit einem Wort: stinklangweilig.

Europa dagegen bedeutete für die Fosters »Luxus, zweitausend Jahre eigene Geschichte, schöne Gemälde und so weiter«. Kein Wunder, daß Jodie auf eine französische Schule geschickt wurde. Und daß der junge Filmstar nach dem Abschluß im Sommer 1980 den klassischen Weg einschlug, den andere Schüler auch gehen: zur Universität.

Jodie Foster erklärte dazu, daß sie sich damit nicht nur dem Hollywood-Rummel entziehen wollte, sondern auch glaubte, es würde sie weiterbringen, sich einmal für einige Zeit an einem Ort aufzuhalten, der nichts mit Film zu tun hat. Sie studierte afroamerikanische Sprachen und Literatur und war sicher, daß sie mit dem Studium die richtige Wahl getroffen hatte. »Ich – und damit auch meine Arbeit als Schauspielerin – habe mich dadurch sicherlich etwas verändert . . . Außerdem habe ich natürlich gelernt, eine Sache zu vertiefen, auch unterhalb der Oberfläche zu betrachten.«

Das erste Jahr an der Universität sah eine begeisterte Studentin Jodie Foster. Sie hatte dem Film den Rükken gekehrt und sich auf eine ganz andere Welt eingelassen, was ihr Freude bereitete. Sie versuchte, ihr auf Hochglanz poliertes Filmimage vergessen zu machen, lief in zerknitterten Klamotten und mit zerzaustem Haar herum und nahm ein paar Pfunde zu. Sie genoß ihre relative Anonymität und nutzte ihre neuen Möglichkeiten; das »Wunderkind Jodie« bekam endlich auch ausreichend geistige Nahrung. »Ich war jene Art von Studentin, die eine Arbeit schon eine Woche früher fertig hatte, nur um ja keine Vorlesung zu versäumen.«

Sie war voll ins Leben auf dem Campus integriert und fand Spaß daran, mit den Amateuren der Studentenbühne aufzutreten – obwohl sie eine arrivierte Filmschauspielerin war. Dabei bekam sie sogar gehöriges Lampenfieber. Jodie Fosters Rolle in dem Gefängnisstück »Getting Out« war ihr vertraut, sie spielte eine Prostituierte, deren Mordopfer ein Taxifahrer ist(!).

Jodie Foster privat.

Jodie Foster betrachtete ihr Studium als Voraussetzung für eine zweite Karriere, falls es mit dem Film einmal nicht weitergehen sollte.

»Was ich wirklich liebe an der Uni, ist die Tatsache, daß man dort unglaublich abstrakt und intellektuell arbeitet.« Und das bezog sie im besonderen auf ihre Fächer Literatur und Sprachen. »Ich würde nie Architektur oder Kunst studieren, denn das kann man auch draußen machen. Was ich wirklich brauche, ist etwas ganz Abstraktes, das nur auf dem Papier existiert.«

Leider passierte dann etwas ganz Konkretes, das Jodie Fosters heile Welt an der Yale University mit einem Schlag zerstörte.

John Hinckley jr.

Am 30. März 1981 zog ein sensationelles Attentat Amerika in seinen Bann. Ein junger Mann namens John Hinckley holte in Washington einen Revolver aus der Manteltasche und schoß auf Präsident Ronald Reagan. Der Präsident überlebte den Anschlag.

Doch für die Studentin und Schauspielerin Jodie Foster wurde das Ereignis zum Trauma.

Denn Hinckley erklärte nach seiner Festnahme, er habe auf Reagan geschossen, um Jodie Foster zu imponieren. Der junge Mann hatte sich den Film *Taxi Driver* fünfzehnmal angesehen und sich dabei hoffnungslos in die reizvolle Kindfrau verliebt. Angeblich hatte er Jodie Foster auch Briefe geschrieben, jedoch nie eine Antwort erhalten. Jodie bestritt, mit ihm jemals in Kontakt getreten zu sein. Die Polizei in Washington präsentierte allerdings den Gegenbeweis, ein Tonband, das Hinckley kurz vor seiner Tat selbst aufgenommen hatte. Es enthielt ein Telefongespräch mit Jodie Foster.

Hinckley: »Ich habe dir so oft Blumen und Briefe geschickt. Wollen wir uns morgen sehen?«

Jodie: »Belästigen Sie mich nicht mehr. Lassen Sie mich in Ruhe.«

Hinckley: »Darf ich morgen wieder anrufen?«

Jodie: »Nein.«

Weshalb Jodie Foster diesen Kontakt zuerst verschwieg, ist nicht bekannt. Vielleicht fand sie die Annäherung unwichtig oder einfach nur lästig.

Das Attentat auf Präsident Ronald Reagan.

John Hinckley gehörte nicht – wie häufig in solchen Fällen – zum Bodensatz der Gesellschaft, er war kein Underdog oder sozial Deklassierter. Er zählte zum Zeitpunkt der Tat 25 Jahre, ist blond, blauäugig und der Sohn eines begüterten Ölkaufmanns. Er stammt aus Dallas (Texas).

Seine Familie war dann von Texas nach Colorado an den Fuß der Rokky Mountains umgezogen, und John hatte versucht, in Texas ein Studium aufzunehmen – ohne Erfolg. So zog der junge Mann ziellos durch die Gegend, jobbte mal hier und mal dort. Er war Barmixer in Denver, Buchhalter und Plattenverkäufer in Dallas und Zeitungsverkäufer in Hollywood.

Seine Familie machte sich Sorgen um ihn, ahnte aber nicht, welche Entwicklung er nehmen würde. John war das jüngste von drei Kindern, ein verschlossener, in sich versponnener Mensch, der dringend seelischen Beistand gebraucht hätte.

»Etwas ist mit dem Jungen passiert in den letzten Jahren«, sagte ein Freund der Familie. Der stille und unauffällige John bewarb sich einmal bei einer Zeitung und gab an, sich für Politik zu interessieren. Alle Führer des Landes taugten nichts, man müßte sie ausradieren.

Im Alter von 22 Jahren trat Hinckley der Nazipartei der USA bei. Er war jedoch so radikal in seinen gewalttätigen Ansichten, daß man ihn ein Jahr später aus der Partei ausschloß, denn man fürchtete, er sei ein vom CIA eingeschleuster Agent provocateur.

Zum erstenmal fiel Hinckley auf dem Flugplatz von Nashville (Tennessee) auf: Er hatte drei Pistolen im Gepäck, als Präsident Jimmy Carter dort aufsetzte. Die Waffen wurden konfisziert, doch Hinckley landete nicht in der notorischen Attentäter-Datei.

Der junge Mann versetzte seine Gitarre und seine Schreibmaschine, erstand in Dallas zwei neue Revolver und fuhr mit dem Autobus nach Washington. Auf diese Weise entging er der im Flugverkehr üblichen Durchsuchung nach Waffen. Mit einem der beiden Revolver schoß er auf Ronald Reagan, der seit zwei Monaten im Amt war.

In Hinckleys Hotelzimmer fand man Bilder von Jodie Foster sowie einen nicht abgesandten Brief an die junge Schauspielerin. In dem Brief deutete Hinckley an, daß er den Präsidenten erschießen und selbst dabei sterben werde, um die angebliche Erniedrigung der Schauspielerin durch Reagan zu rächen.

Welcher Art diese Erniedrigung gewesen sein könnte, wurde nie bekannt. Möglicherweise erhielt Jodie

John Hinckley jr.

Jodie Foster.

Foster vom CIA die Anweisung, nicht darüber zu sprechen, vielleicht war die ganze Sache auch nur die Ausgeburt eines kranken Hirns.

Ein amerikanischer Alptraum

John W. Hinckley feuerte sechsmal auf den Präsidenten. Drei Sicherheitsbeamte sanken getroffen zu Boden, Ronald Reagan kam mit einem Lungensteckschuß und dem Schrekken davon. Hinckley wurde sofort überwältigt. Wieder konnte die amerikanische Nation ein Attentat original auf dem Bildschirm miterleben.

Hinckley hatte mit Travis Bickle aus *Taxi Driver* gleichgezogen. Der mißglückte Anschlag auf einen Präsidentschaftskandidaten aus Scorseses Kinophantasie war blutige Wirklichkeit geworden.

Der Fall Hinckley führte in der amerikanischen Öffentlichkeit zu einer unerfreulichen Diskussion über die Wechselwirkung von Kino und Realität und über die Frage, inwieweit das im Film gezeigte Geschehen zu Straftaten anzuregen vermag. Denn die Konstellation in Scorseses Film *Taxi Driver* weist eine fatale Ähnlichkeit mit dem Fall Hinckley-Foster auf.

Der Waffennarr und psychopathische Saubermann Travis Bickle lieferte das Vorbild für den Möchtegern-Attentäter Hinckley, der die Intention des Films falsch verstanden hatte und eine exemplarische gesellschaftliche Situation eins zu eins auf seinen persönlichen Konflikt übertrug.

Hinckley hatte sowohl in dem psychisch verwirrten Taxifahrer als auch in dem blutjungen Freudenmädchen zwei ideale Identifikationsfiguren gefunden: er ein orientierungsloser Verlierer, sie ein *lost child,* ein verlorenes Kind der Gesellschaft.

Der verwirrte Attentäter schien nicht in der Lage zu sein, zwischen Iris und Jodie zu unterscheiden, offensichtlich hielt er auch die Schauspielerin für eine gestrandete Kindfrau auf dem Strich. So stürzte seine blinde Verehrung die eifrige Studentin ins Desaster.

Jodie Foster äußerte über Hinckley: »Sein größtes Verbrechen war die Vermischung von Liebe und Begierde. Die Trivialisierung der Liebe werde ich ihm nie verzeihen.«

Auf Jodie Foster wirkte das Attentat wie ein Schock, und der Fall Hinckley entwickelte sich zu einem katastrophalen Wendepunkt in ihrem Leben. Alles, was sie sich bislang aufgebaut hatte, war mit einem Schlag zunichte gemacht; »damals hat mein Leben einen Knacks bekommen«, erklärte sie später in einem Interview.

Zunächst einmal war ihre Hoffnung auf ein einfaches, anonymes Leben an der Uni außerhalb der Welt Hollywoods zerstört.

Jodie Foster erläuterte: »Ich war zum erstenmal unter Gleichaltrigen. Das heißt, ich war zwar auch vorher auf der Schule unter Gleichaltrigen, aber ich verbrachte eigentlich meine sonstige Zeit nicht mit ihnen. Yale war für mich eine wichtige soziale Erfahrung. Ich war plötzlich mit Leuten zusammen, die politisch aktiv waren, die darauf aus waren, einmal Führungspositionen in den USA zu erlangen, oder solchen, die irgendwann einfach nur Hausfrau werden würden.«

Nach dem Attentat konnte sich Jodie Foster nicht mehr unbekümmert und frei unter den Studenten bewegen, vielmehr wurde sie wieder beobachtet, von allen Seiten als Filmstar, »Vamp wider Willen« oder als tragische Figur belauert.

Sie studierte zwar weiter in Yale, bereitete sich auf Klausuren und Prüfungen vor, doch die Zeit des unbeschwerten Studentenlebens, die Zeit, in der sie erstmals so lebte wie andere Gleichaltrige auch, war für sie vorüber.

Besonders belastend erwies es sich für sie, daß sie plötzlich im Zwielicht stand und daß ihre Karriere, die bislang so steil und geradlinig nach oben verlaufen war, einen Rückschlag erlitten hatte. Denn daß der Film *Taxi Driver,* der mit seinem Thema Kinderprostitution die amerikanische Öffentlichkeit bereits zur Genüge in Zorn und Empörung versetzt hatte, nun ein politisches Attentat nach sich gezogen hatte, warf ein schlechtes Licht auf den Regisseur Martin Scorsese und seinen Star Jodie Foster.

Besonders schockiert war Jodie Foster darüber, wie die Boulevardpresse mit ihr umsprang, von der sie zuvor meist freundlich behandelt oder mit Lob und Anerkennung überhäuft worden war. »Was mich am meisten erschreckte, war der Ansturm der Medien. Sie spuckten Headlines aus und fielen wie ein Kavallerie-Regiment in den Campus ein. Ich konnte mich kaum davor schützen, niedergetrampelt zu werden.«

Ein Umstand sprach allerdings für sie: Sie saß im Studierstübchen und schlürfte nicht auf Kino-Cocktailparties Champagner. »Zum Glück hielt ich mich an der Uni auf, als die Schüsse fielen. Wer weiß, welchen zusätzlichen Verdächtigungen ich dadurch entgangen bin, daß ich mich aus Hollywood zurückgezogen hatte.«

Dennoch entwickelte sich der absurde Fall für Jodie Foster zu einem Alptraum. So sagte die Frau, die man normalerweise als respekt- und furchtlos kennt: »Ich wäre fast zugrunde gegangen vor Entsetzen und Angst. Ich wurde beschimpft und bedroht. Viele gaben mir die Schuld an diesem Attentat.«

Wie sehr Jodie Foster gelitten hat, beleuchtet ein ausführlicher Beitrag in der Zeitschrift ESQUIRE (Heft 12/1982), in dem sie auf die Tragödie und die Art, wie sie sie verarbeitet hatte, einging. »Ich starb, als ich mich selbst im Spiegel betrachtete. Ein Körper, der nicht länger schlief, Kleider, die nicht länger zu mir gehörten, vergammelte Socken, gerötete Augen, ein starrer Blick. Meine eigentliche Identität – die Schauspielerin, die enthusiastische Studentin – war nicht länger existent.« Und etwas später faßte sie zusammen: »Ich fühlte, es war eine gottgewollte Fügung für mich, dieses Martyrium zu ertragen. Und es war gut, daß ich damit fertig wurde, weil es ein anderer nicht auf sich nehmen konnte.«

Ähnlich wie James Dean oder Marilyn Monroe erfuhr auch Jodie Foster eine literarische Bearbeitung ihres Alptraums. Gerald Eric Schneider heißt der Autor des Stückes »Dear Jodie«, das aus Hinckleys Sicht gestaltet ist.

Vor dem Fernseher sitzend, in dem *Taxi Driver* läuft, rekonstruiert der in der Psychiatrie einsitzende Attentäter seine Geschichte, die aus Radiosendungen, Filmausschnitten und dem Monolog des Attentäters mon-

Harvey Keitel und Jodie Foster in *Taxi Driver.*

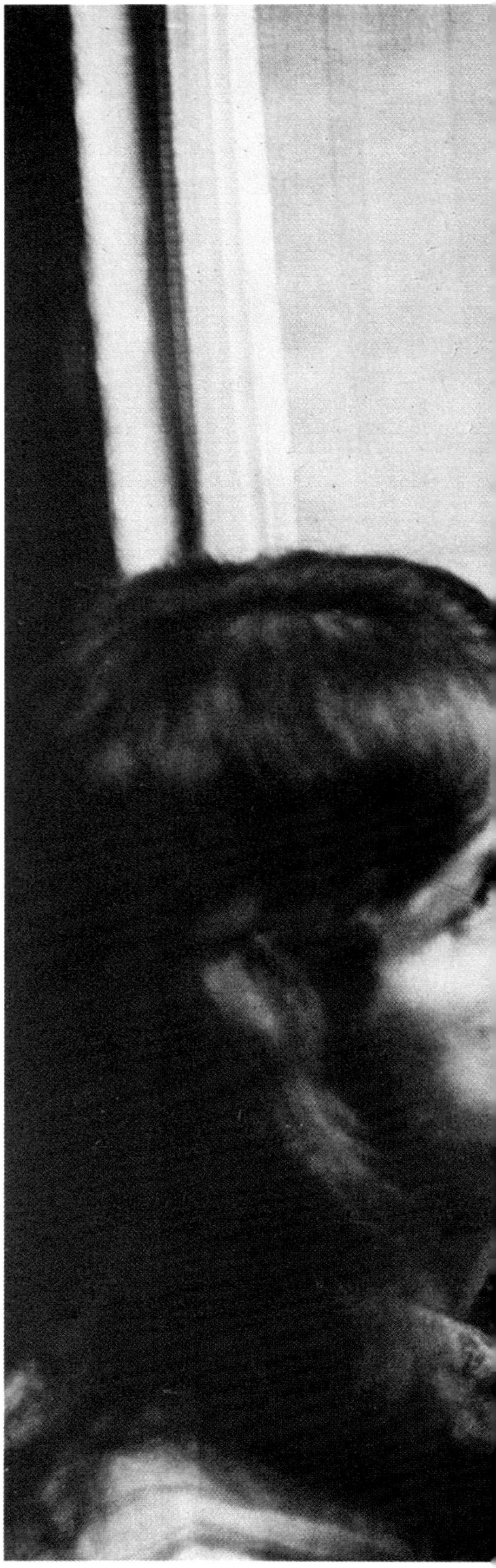

tiert ist. Das Stück offenbart das grotesk verzerrte, zur Fratze entstellte amerikanische Ideal des Gerechten, des Tatmenschen.

»Dear Jodie« lief auch in Frankfurt im »Theater am Turm«, verblaßte aber vor der makabren Realität. Jodie Foster will heute auf den Fall, der ihr Leben veränderte, nicht mehr angesprochen werden. Ich habe alles gesagt, lautet jetzt ihre Meinung dazu.

Eine Geisterkomödie

In den Sommerferien des Jahres 1981 fuhr Jodie Foster nach Hollywood, um mal wieder Filmluft zu schnuppern. Gedreht werden sollte ein TV-Film mit dem Titel *O'Hara's Wife*, ein Streifen aus dem Genre der phantastischen Komödie.

Die Hauptfigur ist ein arbeitswütiger Anwalt, dem der Geist seiner verstorbenen Frau erscheint, um ihn zu quälen und in seinem Leben herumzuwirbeln. Er glaubt sich dem fluchtartig entziehen zu können und stürzt sich in eine Reise um die Welt. Jodie Foster spielt die Tochter des munteren Paares, eine naseweise Studentin, die gerade Ferien macht.

Ehe sie in die Filmmetropole abreiste, sagte sie einem Journalisten der INTERNATIONAL HERALD TRIBUNE: »Ich liebte dieses Jahr in Yale. Ich denke, es war die beste Zeit und die eindringlichste Erfahrung, die ich in meinem Leben gemacht habe.« Und sie fügte hinzu, daß sie sich darauf freue, im Herbst an die Uni zurückzukehren, um ihr Literaturstudium fortzusetzen.

Noch einmal indirekt auf den Fall Hinckley beziehungsweise auf *Taxi Driver* und die Folgen zurückkommend, dozierte sie über die Wirkungsweise eines Kunstwerks: »Filme können Gutes bewirken oder auch etwas anderes. Es ist wie bei einer Skulptur: Alles kann in jeder Weise interpretiert werden, wie der menschliche Geist es will. Du kannst eine Blechbüchse wegkicken, und etwas wird passieren. Oder wenn ich eine Botschaft an die Mauer kritzle, kann sie genausogut das Gegenteil bewirken. Deshalb darf man Kunst niemals zensieren.«

Jodie Foster kehrte im Herbst dieses Jahres nach Yale zurück und schloß ihr Studium zwei Jahre später magna cum laude mit einer literaturkritischen Arbeit über Toni Morrison ab. In dieser Zeit schrieb sie auch Kurzgeschichten, von denen einige veröffentlich wurden.

Im Jahr 1988 gab sie der PHOENIX GAZETTE ein Interview zum Thema Schreiben, in dem herauskam, daß sie wohl nie einen Roman verfassen wird und Schriftstellerin wohl auch nicht ihre eigentliche Profession ist. »Ich beginne zu begreifen, daß ich dazu nicht die richtige Befähigung habe. All die Jahre dachte ich, ich könnte so etwas einmal machen. Denn Schauspielerei war kein ernsthafter Beruf für mich, anders gesagt, es erschien mir so instabil, daß ich es nicht für den Rest meines Lebens machen wollte. Jetzt wird mir klar, daß die anderen Dinge, die mich reizen – Lesen, Schreiben und was sonst noch meine Persönlichkeit ausmacht –, nur Vorübungen für meine eigentliche Arbeit sind. Ich denke, ich bin doch eine Schauspielerin.«

Ehe sie von der Universität abging, drehte sie noch einen TV-Film mit dem Titel SVENGALI (hier auf Video: Obsession – Die dunkle Seite des Ruhms, 1983). In dieser Geschichte nimmt sie Gesangsunterricht bei dem überkandidelten Peter O'Toole, um eine erfolgreiche Popsängerin zu werden.

Franny, das Lästermaul

Jodie Foster erklärte in einem Interview, daß der nach ihrem Studium entstandene Streifen *Das Hotel New Hampshire* einer ihrer liebsten Filme sei. Leider ist er auch einer der mißlungensten, in denen sie je mitgewirkt hat.

Sie spielte darin Franny, die extrovertierte, großmäulige Tochter der Familie Berry, deren Familienoberhaupt sich darauf spezialisiert, Hotels zu betreiben. Franny ist eine Angeberin, die ihre Verletzlichkeit hinter Zoten und boshaften Bemerkungen versteckt. Sie wird von ihrem Bruder John so heftig geliebt, daß man dieses Gefühl nur noch mit inzestuös umschreiben kann. Franny ist aber gleichzeitig in einen dummen Muskelprotz namens Chipper verknallt, obwohl sie von Chippers Halbstarkenbande vergewaltigt wurde.

Nach einem einmaligen Liebesmarathon löst sich die inzestuöse

> »Ich steh' ja eigentlich erst am Anfang meiner Karriere.«
>
> JODIE FOSTER

Nastassja Kinski, Rob Lowe und Jodie Foster in *Das Hotel New Hampshire.*

Verknotung zwischen John und Franny, und beide sind für andere Partner frei.

Der Film des britischen Regisseurs Tony Richardson entstand nach dem gleichnamigen Bestsellerroman von John Irving. Dieser Autor hat eine große Fangemeinde und zählt zu den Wunderkindern der modernen amerikanischen Literatur.

Irving wurde 1942 in Exeter (New Hampshire) geboren, studierte englische Literatur und zog 1963 nach Wien. Mit dem Roman »Garp, und wie er die Welt sah« wurde der Autor, ein »Buñuel der Schreibmaschine«, weltberühmt. Sein fünfter Roman, »The Hotel New Hampshire«, der irrwitzige Kapriolen und merkwürdige Parallelen zu seiner Biographie enthält, erschien 1981 und erkletterte sofort die Bestsellerlisten.

Erzählt wird eine schrille, aber auch bewegende Familiengeschichte, in der motorradfahrende Bären, weiße Vergewaltiger und schwarze Rächer, ein Wiener Hotel voller Huren und Anarchisten, ein Familienhund mit Flatulenz, Gewichtheber, Geschwisterliebe und Sigmund Freud vorkommen. Diese ambivalente Mischung aus Skurrilität, Gewalt und Tod besitzt im Roman einen durchaus tragikomischen Zug, wirkt aber im Film nur oberflächlich, platt und langweilig.

Denn es gelang Tony Richardson trotz raffinierter Schnitte und unerwarteter Schwenks nicht, dieses Gewitter von Gedankenblitzen zu verfilmen. Seine Figuren agieren wie Marionetten, und irgendwie stimmt sein Timing nie, entweder ist eine Szene zu lang, oder ein Gag rauscht so schnell vorbei, daß er verpufft. Das wurde auch von der Kritik moniert, wobei Jodie Foster allerdings noch relativ gut wegkam.

»Richardsons Bilder füllen die Leinwand«, schrieb die SÜDDEUTSCHE ZEITUNG, »aber seine Poesie hat Platz auf einer Postkarte. Im Vorgarten des Hotels New Hampshire stehen keine Gartenzwerge. Tony Richardson hat sie weggenommen und zu den Hauptfiguren seines Films gemacht.«

Die MÜNCHNER ABENDZEITUNG urteilte eher freundlich: » . . . alles lebt nur sich selbst zum Spaß. Der Aberwitz feiert Triumphe. Halloween wohin man schaut – der Tod spielt mit. Irving liebt Günter Grass: Demgemäß begegnet man einer Autorin, die das Wachsen eingestellt hat. Auch das saftige Menscheln (auf angelsächsischer Sparflamme) hat Blechtrommel-Format. Jodie Foster mit ihrem blonden Semmelsex und Nastassja Kinskis finstere Wandlungsfähigkeit bewahren dank Richardsons Gefühl für tiefsinnige Alberei die anarchische Familiensaga vor dem erotischen Kollaps.«

Und DIE WELT kritisierte: »Richardson findet selten die richtige Bildsprache, und so muß man sich mit viel Situationskomik und einigen hübschen Gags trösten.«

Opferrollen

Einer der schönsten Filme, denen Jodie Foster unauffällig, aber doch unverkennbar ihren Stempel aufgedrückt hat, ist hier bei uns nahezu unbekannt geblieben. »Five Corners« ist ein gammeliges, kleinbürgerliches Viertel in der New Yorker Bronx, ein wenig trist, mit brüchigen grauen Häuserfassaden, aber einer eigenwilligen Atmosphäre. Und so wie das Viertel heißt auch der Film: *Five Corners.*

Es handelt sich um einen kleinen unabhängigen Film, bei dem Tony Bill Regie führte, der bisher als Produzent hervorgetreten war, beispielsweise von einem so bekannten Streifen wie *Der Clou* (The Sting, 1973).

Die Geschichte spielt im Jahr 1964, als Amerika sich nach dem Tonkin-Zwischenfall endgültig in den Vietnamkrieg verstrickte, der Wahlkampf zwischen dem Republikaner Barry Goldwater und dem Demokraten Lyndon B. Johnson, dem Nachfolger des ermordeten Präsidenten John F. Kennedy, tobte und die Bürgerrechtsbewegung von Martin Luther King im amerikanischen Süden von sich reden machte. Und aus allen Musikboxen hallte die Musik der Beatles. Es war eine Zeit des Auf- und Umbruchs, und ein fer-

Nastassja Kinski versteckt sich in einem Bärenfell.

Franny (Jodie Foster) ist in ihren Bruder John (Rob Lowe) verliebt.

nes Echo davon drang auch bis ins abgelegene Viertel »Five Corners«.

Linda (Jodie Foster), in einem schlichten Kleid unglaublich mädchenhaft anzusehen, arbeitet noch immer in der Tierhandlung ihres Vaters, ihr Freund James liebt sie nach wie vor und schenkt Whisky und anderes Gesöff an der Eckkneipe nebenan aus, und Harry, der ehemalige Schläger des Viertels, ist Pazifist geworden und will für die Schwarzen im Süden eintreten.

Da kommt die Nachricht, daß Heinz aus dem Knast entlassen wurde, ein einfältiger, aber gewalttätiger Bursche mit dunkel bohrendem Blick, den eine manische Leidenschaft für Linda umtreibt. Er war im Gefängnis gelandet, weil er versucht hatte, sie zu vergewaltigen. Als James seiner Freundin beistand, schlug ihn Heinz zum Krüppel, und nur durch das Eingreifen von Harry wurde das Schlimmste verhindert. Soweit die Vorgeschichte.

Linda hat verständlicherweise

Angst vor Heinz und sucht erneut Schutz bei Harry, doch der lehnt mittlerweile Gewalt ab. Und Lindas Freund James scheint dem brutalen Heinz, bei dem offensichtlich eine Schraube locker ist, nicht gewachsen zu sein.

Bei Heinz (John Turturro) ist eine Schraube locker (*Five Corners*).

Linda beweist also Mut, als sie sich trotzdem nachts mit Heinz am Wasserbassin eines Springbrunnens trifft, in der Hoffnung, mit ihm vernünftig reden zu können.

Doch das stellt sich als Irrtum heraus. Denn Heinz, der immer noch eine naiv-dumpfe Leidenschaft für Linda empfindet, überrascht sie mit einem unerwarteten Geschenk: zwei lebenden Pinguinen, die er im Zoo für sie geklaut hat.

Leider freut sich Linda gar nicht darüber, wie das der einfältige Bursche erwartet hat. Aus Wut und Enttäuschung schlägt er ein Tier tot, und als Linda erschrocken davonläuft, verfolgt und überwältigt er sie und nimmt sie quasi als Geisel.

Der Showdown spielt sich auf dem Dach einiger Hochhäuser ab, wo Wäschestücke flattern und Heinz droht, das Mädchen in die Tiefe zu stürzen, als die Polizei eintrifft. In dem gewalttätigen Balanceakt am Rande des Abgrunds ist Harry wieder gefordert, dessen idealistisch anmutender Pazifismus sich in diesem realistischen Ernstfall als weltfremd entlarvt.

Der Film entfaltet das Panorama eines Stadtviertels mit genau und lie-

Regisseur Tony Bill und Jodie Foster.

bevoll gezeichneten Figuren und Nebenhandlungen sowie einem präzisen zeitgeschichtlichen Hintergrund und führt seine Thematik in einer rasanten Mischung aus Actionfilm, Kammerspiel und psychologisch motivierter Love-Story vor. Das Drama ist mit historischer Dramatik angefüllt, die Propheten der Epoche, John F. Kennedy und Bob Dylan, sind auf dem Bildschirm, im Gespräch oder auf der Tonspur präsent. Der Zeitgeist, verkörpert durch blinde Rassisten oder friedliche Hippies, zeigt sein widersprüchliches Gesicht und bestimmt die Handlungsmuster der Helden.

Jodie Foster gelang eine brillante Leistung, indem sie die Rolle eines beinahe vergewaltigten Mädchens in einer Mischung aus verzweifeltem Mut und schlichter Anmut spielte. In ihren altmodischen Kleidern sieht sie hübscher und anziehender aus als im Glitzerfummel eines Modeschöpfers.

Sie ist eine Frau mit Herz und Verstand, die unverschuldet in ein ausweglose Dilemma schlittert und sich nach Kräften wehrt, deren Möglichkeiten jedoch begrenzt sind.

Linda stellt sich ohne Vorurteile der Situation; sie unterdrückt ihre Angst nicht, versteht aber mit ihr umzugehen. Sie ist freundlich, tapfer, zärtlich, zauberhaft. Ohne Make-up, Stöckelschuhe, Minirock und andere Attribute verführerischer Weiblichkeit schafft sie es, nicht nur die guten und bösen Helden des Melodrams in sich verliebt zu machen, sondern auch den Kinobesucher in den Bann ihrer magischen Ausstrahlung zu ziehen. Auch deshalb kam der Film bei der Kritik gut an.

»Vor allem Jodie Foster, die jetzt für eine ähnliche Rolle einen Oscar bekam, spielt so leicht und selbstverständlich, daß sie über Strecken alleine schon den Laden schmeißt. Neben ihr überzeugen Tim Robbins als Harry und Todd Graff als James. Ein sympathischer, unterhaltsamer Film«, schrieb die Rheinische Post.

»Leben und Sterben in einer verrückten Ecke im New York der Sechziger. Ein skurriler Film über Rassismus, Gewalt, Liebe und Pinguine mit Jodie Foster als reifes Opfer und – damals (1987) eine Entdeckung – John Turturro als sensibler Maniac«, urteilte der Tip.

Und die Süddeutsche Zeitung kommentierte: »*Five Corners*, der nur wenige Tage im Kino zu sehen war, ist ein kleines Juwel unter den amerikanischen unabhängigen Filmen, die hierzulande nie zu ihrem Recht kommen. Immerhin haben fast alle Beteiligten später eine verdiente Karriere gemacht.«

Ihr nächster Film, *Angeklagt*, brachte Jodie Foster ihren ersten Oscar ein. Sie präsentierte sich hier in ihrer stärksten und härtesten Opferrolle – als einfache junge Frau aus der Arbeiterklasse namens Sarah Tobias, die in einer einsamen Kneipe an der Landstraße nachts von drei besoffenen Kerlen brutal vergewaltigt wird.

Der Film beginnt im Augenblick nach der Tat: Man sieht die rote Leuchtreklame des Lokals, die Musik setzt mit harten Heavy-metal-Schlägen ein, dann stolpert eine junge Frau aus der Tür des Lokals, rennt auf die Straße, barfuß, derangiert, mit zerrissenen Kleidern, lautlos schreiend.

Der Junge (Bernie Coulson) ist der einzige »echte« Zeuge in *Angeklagt*.

Ein Junge hat den Vorfall beobachtet und ruft von einer Telefonzelle aus die Polizei an. Im Krankenhaus muß Sarah eine peinliche Untersuchung über sich ergehen lassen. Die Staatsanwältin und ein Polizei-De-

»An der Rolle der jungen Frau in *Angeklagt* hat mich vor allem gereizt, daß hier ein Wesen, das ein Leben lang auf der Schattenseite gestanden hat, den Mut findet, gegen Unrecht zu kämpfen und sich zu artikulieren.«

JODIE FOSTER

Opfer männlicher Brutalität: Jodie Foster als Sarah Tobias in *Angeklagt*.

tektiv treffen ein. Sie fragen Sarah, ob sie sich in der Lage fühle, mit ins Lokal zurückzufahren, um die Täter zu identifizieren. Sarah zögert, ihr Gesicht verzieht sich schmerzlich, doch dann nickt sie.

Als die Staatsanwältin Miß Murphy, der Detektive und Sarah in dem Lokal ankommen, herrscht dort eine beklemmende Stille – die Ruhe nach dem Sturm. Sarah erkennt zwei der Typen wieder, die sofort verhaftet werden. Der dritte Junge wird am nächsten Tag festgenommen.

Der Film rollt den Fall von hinten auf, bewegt sich aber gleichzeitig vorwärts, auf den Prozeß und danach auf die zweite Verhandlung zu, die eine ganz andere Beurteilung bringt.

Beim ersten Prozeß läßt sich die Staatsanwältin auf einen zweifelhaften Handel ein. Um überhaupt eine Verurteilung zu erreichen, akzeptiert sie als Delikt »fahrlässige Körperverletzung« statt »Vergewaltigung«. Weil die Täter reiche Bürgersöhnchen sind, Sarah aber nur eine dubiose Serviererin ist, die sich aufreizend kleidet, einen über den Durst trinkt, sich auch mal einen Joint reinzieht und mit ihrem Freund in einem

Sarah Tobias kehrt mit Polizisten und der Staatsanwältin an den Tatort zurück.

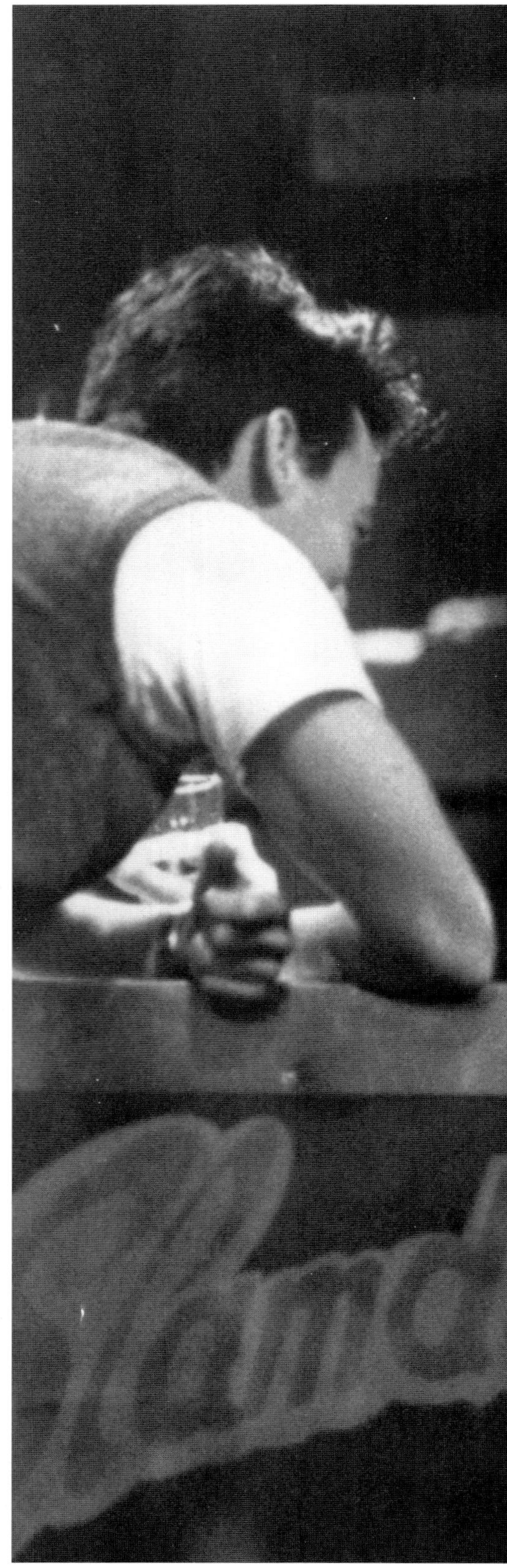

Die junge Staatsanwältin Murphy (Kelly McGillis) vor Gericht.

Noch amüsiert sich Sarah Tobias (Jodie Foster) am Flipperautomaten.

verrotteten Wohnwagen haust. Und unübersehbar stellt sich auch die Staatsanwältin die Frage, ob Sarah die Tat nicht durch ihr Verhalten provoziert hat.

Die jungen Männer gestehen, werden zu fünf Jahren Gefängnis verurteilt, aber jeder weiß, daß sie nach neun Monaten wieder auf freiem Fuß sein werden.

Sarah fühlt sich von Miß Murphy verraten. Als sie ein »Zeuge« der fragwürdigen Nacht im Supermarkt demütigt, rammt sie voller Zorn den Wagen des Mannes und landet mit Verletzungen im Krankenhaus.

Nun endlich nimmt sich die Staatsanwältin ernsthaft des Falles an und versucht jetzt, die Männer im Hinterzimmer anzuklagen, die die Täter anfeuerten, anstatt Sarah Hilfe zu leisten.

Manche Kritiker haben dem Regisseur vorgeworfen, daß er die Vergewaltigungsszene nicht an den Anfang, sondern als dramatischen Höhepunkt an den Schluß des Films montiert hat. Doch dafür gibt es einen guten Grund.

Denn Vergewaltigung ist eines jener Verbrechen, bei denen die Wahrheit oft schwer zu ermitteln ist und die Wahrheitsfindung von Vorurteilen verstellt wird. Die Konstruktion des Films versetzt den Zuschauer in dieselbe Lage wie die Anwälte und Geschworenen: Auch er muß sich im Lauf der Ermittlungen sein Urteil selbst bilden.

Wie sieht eine Frau aus, die in die grauenhafte Situation gerät, gleich von mehreren Männern sexuell mißbraucht zu werden? Sarah rennt nachts durch den Regen, als ginge es um ihr Leben. Steigt zu dem erstbesten Trucker ins Führerhaus, nur um vom Tatort wegzukommen.

Ihr verquollenes Gesicht im Krankenhaus ist voll blauer Flecke, ihre Stimme ein flüsterndes Röcheln, denn sie hat lange vergeblich geschrien. Ihre Lippen sind aufgesprungen. Zuerst muß sie eine peinliche, klinisch kalte Befragung und Untersuchung über sich ergehen lassen. Welche Verhütungsmittel nehmen Sie? Wann war die letzte Periode? Heben Sie Ihr Hemd hoch!

Sarah Tobias ist durchaus in der Lage, sich vor Gericht zu artikulieren.

> **»Ich liebe es, Charaktere zu spielen, die einem klassischen Konflikt ausgesetzt sind. Nämlich eine miserable persönliche Situation aus eigener Kraft überwinden zu müssen.«**
>
> JODIE FOSTER

Wann hatten Sie Ihren letzten Geschlechtsverkehr? Lassen Sie Ihr Hemd runter! Hatten Sie je eine Geschlechtskrankheit?

Es sei bei dem Film darauf angekommen, auch die peinlichen Details im Krankenhaus realistisch zu zeigen, um zu verdeutlichen, wie kraß die Menschenwürde bei einer Vergewaltigung verletzt wird, sagte Jodie Foster in einem Interview.

Sarah ist verletzt, geschunden, aber nicht zimperlich. Auch ihre Fingernägel werden untersucht. Nehmen Sie die Vaginaldusche! Sarah raucht eine, läßt sich später von der Staatsanwältin heimbringen.

»Sehe ich wirklich so schlimm aus?« fragt sie. Miß Murphy schüttelt den Kopf. Natürlich sieht Sarah schlimm aus. So schlimm, daß man meint, ihre ganze Persönlichkeit sei zerstört. Aber als sie einige Zeit später wieder im Lokal arbeitet, glaubt man sie nicht wiederzuerkennen. Unter der Schmutzkruste eines erniedrigenden Verbrechens ist die alte jugendfrische Jodie Foster wie durch ein Wunder wieder zum Vorschein gekommen.

Erst jetzt wird deutlich, wie Sarahs Persönlichkeit wirklich aussieht. Sie ist zwar nur eine einfache Frau aus dem Volk, ein *working class girl*, aber dennoch stolz und wütend, sie ist lebendig, nicht im bürgerlichen

Sarah Tobias und Miß Murphy auf dem Weg zum Gericht.

Sinn gebildet, aber dennoch klug. Sie ist, was die Staatsanwältin anfangs bezweifelte, worauf es in ihrem Fall aber ankam, durchaus fähig, als Zeugin auszusagen, sich selbst zu verteidigen.

Angeklagt ist neben *Der Schrei aus der Stille* (Mourier a tue-tete, 1978) der eindringlichste Film zum Thema Vergewaltigung. Alfred Holighaus schrieb im »Tip«-Jahrbuch von 1989: »Filme über Vergewaltigungen sind immer Diskussionsthemen, in den Medien wie am Stammtisch. Darum waren Filme über Vergewaltigungen auch immer Erfolge an der Kinokasse. Und sie wurden nicht nur gesehen, damit man mitreden konnte. Filme über Vergewaltigungen haben automatisch immer etwas Spekulatives – und sei es nur im Ergebnis. Vergewaltigung ist das intimste aller Verbrechen, weil es kein rein physisches Verbrechen ist, sondern auch und vor allem ein Angriff auf die Seele . . . Auch *Angeklagt* nimmt sich eines neuen Aspektes an . . . Sarah macht den Mann an, der als erster über sie herfällt. Doch als er sie ausziehen will, sagt sie ›No!‹. Dadurch ist alles, was folgt, eine Vergewaltigung. Den zynischen Apologeten von Verführungstheorien erteilt Kaplans Film eine deutliche Abfuhr.«

Nur Der Spiegel beurteilte den Film uneinheitlich und bemängelte beim Finale einen »Scheinsieg des Guten«.

Jodie Fosters außergewöhnliche darstellerische Leistung wurde allgemein anerkannt. »Die . . . Kalifornierin, der in Komödien wie Thrillern seit Jahren alles gelingt, liefert hier mit ihrem explosiven, aber niemals vordergründigen Engagement den Motor für das Drama«, urteilte die Frankfurter Allgemeine Zeitung.

Und in einer zweiten Kritik derselben Zeitung war zu lesen: »Für Jodie Foster, längst den Teenie-Schuhen entwachsen, ist dies eine Rolle, die emotional alle Schattierungen zwischen Schmerz und Auflehnung, flehentlichem Bitten und Aufsässigkeit verlangt. Die Schauspielerin führt ihre labile Figur auf einem schmalen Grat, doch es ist nie zu fürchten, sie könnte abstürzen.«

Zur Wirkung des Films meinte Jodie Foster, daß »zumindest seitdem in Amerika mehr Vergewaltigungen von den Opfern angezeigt worden" seien.

Die Drachentöterin

Daß auch für eine Oscar-Preisträgerin wie Jodie Foster die Bäume nicht in den Himmel wachsen, enthüllte ihre Mitwirkung bei dem Film *Catchfire* unter der Regie von Dennis Hopper.

Dieser Mafia-Thriller hätte eigentlich vom Drehbuch, den Schauspielern und dem Regisseur her die Voraussetzungen für einen kassenträchtigen und qualitativ guten Film geboten. Leider ging aber so ziemlich alles daneben, was nur schiefgehen kann.

Jodie Foster spielte Anne Benton, eine Mordzeugin auf der Flucht vor einem Killer. Aber je länger er zögert, sie zu töten, um so mehr verliebt er sich in sie.

Da das FBI, das sie gern als Zeugin auftreten ließe, die Künstlerin nicht ausreichend schützen kann, taucht sie unter. Der zwischen alle Fronten geratene Killer Milo (Dennis Hopper) folgt nicht der Frau, sondern den Spuren ihrer Kunst und findet sie schließlich. Er ist so fasziniert von ihr, daß er seinen Auftrag vergißt. »Die beiden verlieben sich ineinander; aus der Konzeptkünstlerin wird eine Überlebenskünstlerin, da sich das Paar mit viel Mut und Geschick den Verfolgern (FBI-Agenten und Mafia) entziehen und ein neues Leben starten kann . . . Jodie Foster kann in diesem Film erneut ihre Wandlungsfähigkeit beweisen, da ihr Part – die Fluchtsequenzen bieten immer neue Masken und Rollenspiele – neben dieser äußeren auch eine innere Wandlung verlangt. Aus der verängstigten Zeugin wird eine selbstbewußte Frau, die letztendlich auch das Kommando übernimmt« (»Fischer Film Almanach 1992«).

Ein Film, der mehr hätte sein können als ein üblicher Gangsterfilm mit Mord, Flucht und Verfolgung, wenn nicht die Filmgesellschaft Dennis Hopper mit unsinnigen Schnitten und Eingriffen ins Handwerk gepfuscht hätte. Ganze Teile der Story fehlen jetzt, einige Figuren verschwinden kommentarlos, andere tauchen ohne Zusammenhang wieder auf. Hopper zog daraufhin seinen Namen zurück, der Film nennt als Regisseur Alan Smithee, eine Phantomperson.

Zu guter Letzt kam die Firma Vestron in finanzielle Schwierigkeiten und der Film deshalb gar nicht in die Kinos, sondern nur in einer verstümmelten Version als Videokassette auf den Markt.

Völlig anders verliefen Produktion und Aufführung von Jodie Fosters nächstem Film, *Das Schweigen der Lämmer,* der nach dem gleichnamigen Erfolgsroman von Thomas Harris entstand. Regie in diesem raffinierten Horror-Thriller führte Jonathan Demme.

Im ersten Bild sieht man die junge, noch in der Ausbildung befindliche Agentin Clarice Starling auf dem Trainingsgelände des FBI bei einem anstrengenden Jogging über Hindernisse keuchen. Schilder rücken ins Bild, auf denen oben *Hurt* steht und darunter *Agony, Pain, Love it* und *Pride.* Es sind erste Hinweise auf die harten Bedingungen beim FBI und darauf, daß es sich hier um einen Film über den Stolz, Schmerzen zu erdulden, und die Genugtuung, sie anderen zuzufügen, handelt.

Jodie Foster als Clarice Starling wechselt dabei von der Seite der Opfer auf die der Täter. Allerdings bleibt ihre Rolle ambivalent, denn auch sie muß als Jägerin Qualen erdulden, um ans Ziel zu gelangen.

Clarice wird zu ihrem Chef Jack Crawford gerufen, der einen Spezialauftrag für sie hat. Sie soll mit Dr. Hannibal Lecter sprechen, einem genialen Psychiater, der zum Killer

Jodie Foster als Clarice Starling in *Das Schweigen der Lämmer.*

und Kannibalen geworden ist und jetzt in der Hochsicherheitszelle des Baltimore Hospital für geistesgestörte Verbrecher einsitzt. »Hannibal the Cannibal« lautet sein Spitzname.

Das FBI will Lecters Kenntnisse in einem Fall benutzen, bei dem die Polizei nicht weiterkommt. Es geht um die Suche nach einem Serienkiller, genannt »Buffalo Bill«, der Frauen tötet und enthäutet. Man geht nicht zu Unrecht davon aus, daß sich niemand besser in den Gehirnwindungen eines Irren auskennt als ein anderer Irrer.

Die erste Begegnung zwischen Clarice und Lecter verläuft hochgradig spannend; der psychopathische

Clarice Starling unterwegs mit ihrem Chef Jack Crawford (Glenn Scott); der Feind kommt aus dem Dunkel (ganz rechts).

Killer stößt die junge Frau ab, fasziniert sie aber auch, und es scheint sich eine tiefere Verbindung zwischen den beiden herzustellen, eine befremdliche Zärtlichkeit oder unterschwellige Erotik.

Lecter liefert Clarice die Hinweise, die sie braucht. Allerdings in der verschlüsselten Form eines diabolischen Anagramms, das ihre Intelligenz auf die Probe stellt. Unter dem Decknamen »Hester Mofet« entdeckt Clarice in einem alten Lagerhaus einen enthaupteten Frauenkörper und einen nicht dazugehörigen, in Alkohol eingelegten Männerkopf. Clarice findet heraus, daß die Bedeutung *miss the rest of me* lautet.

Clarice Starling wird mit einem gefährlichen Psychopathen (Anthony Hopkins) konfrontiert.

> **»Mich hat gereizt, daß ich diesen mythischen Helden als weibliche Inkarnation spielen durfte.«**
>
> JODIE FOSTER über *Das Schweigen der Lämmer*

Sie trifft Lecter wieder, der nur weitere Auskünfte geben will, wenn er in eine Zelle mit Blick auf die Natur verlegt wird.

Inzwischen hat »Buffalo Bill« wieder zugeschlagen und Catherine Martin, die Tochter einer Senatorin, entführt. Der Fall entwickelt sich zu einem Rennen gegen die Uhr, will man Catherine vor dem Schicksal des Enthäutetwerdens bewahren.

Lecter hat sein Wissen nicht umsonst preisgegeben, sondern als Gegenleistung verlangt, daß Clarice ihm intime Details aus ihrem Leben erzählt. Sie geht einen Pakt mit dem Teufel ein: Ich gebe dir etwas von meiner Vernunft, du zeigst mir etwas von deinem Wahnsinn. Clarice gibt schließlich ihre tiefste Kindheitserinnerung preis, an die Stunde, in der sie ein von ihr geliebtes Lamm nicht vor dem Tod retten konnte – seitdem hört sie das Schreien der Lämmer, eine Qual, unter der sie immer noch zu leiden hat.

Lecter kann mittels eines brutalen Tricks entfliehen, der die bestialische Ermordung von zwei Polizisten einschließt, und Clarice ist »Buffalo Bill« alias Jame Gumb auf der Spur, einem Menschen, der seine Männlichkeit haßt und dem eine Spezialklinik die gewünschte Geschlechtsumwandlung verweigert hat.

Natürlich kommt es zum dramatischen Showdown. Das FBI-Team unter Leitung von Jack Crawford verfolgt eine falsche Fährte, während Clarice in das Haus von Jame Gumb eindringt und Sekunden später weiß, daß er der Killer ist. Dann geht das Licht aus – und in einer gespenstischen Szene tappt die junge Agentin im Dunkeln, während der Mörder sie durch eine Infrarotbrille beobachtet.

Jodie Foster wurde für die Rolle der Clarice Starling mit ihrem zweiten Oscar ausgezeichnet. In der Tat ist ihre schauspielerische Leistung in diesem Film makellos, geradezu brillant; »aus dem Phantombild der FBI-Anwärterin Clarice Starling wird das

Ausbildung auf dem FBI-Gelände.

Clarice Starling jagt den Frauenmörder »Buffalo Bill«.

Gesicht von Jodie Foster. Manchmal zieht sie einen Moment lang die linke Augenbraue hoch. Manchmal spannt sich die Haut über ihren Wangenknochen, manchmal zuckt es in ihren Mundwinkeln. Und manchmal spricht sie leiser als sonst. Damit drückt sie alles aus«, urteilte DIE ZEIT.

Das Blatt führte weiter aus: »Schon seit langem habe er einen Film mit einer weiblichen Hauptperson drehen wollen, hat Jonathan Demme in einem Interview der Zeitschrift FILM COMMENT erklärt. Aber *Das Schweigen der Lämmer* ist kein Film über eine Frau. Es ist die Geschichte einer Schülerin, die ihren Meister findet und allmählich ihre Lektion begreift; und das Märchen eines Kindes, das zum FBI geht, damit den wehrlosen Kreaturen auf der Welt kein Leid mehr geschieht. Für ein Pressephoto zu Demmes Film posiert Jodie Foster mit einem Lämmchen auf dem Arm. So verpuppt sich ein uraltes Frauenbild augenzwinkernd in ein neues, zeitgemäßes.«

»Mit 28 Jahren zählt sie endgültig zu den großen Stars in Hollywood. Jodie Foster wirkt durch ihren Blick. Verschlossenheit und Energie liegen in ihm, etwas Dünnhäutiges und zugleich Gepanzertes. Wie sie einen Job erledigt, der sich zur Lebensauf-

Für die Werbekampagne des Films posierte Jodie Foster mit einem Lamm im Arm.

»Ich mag gerne neuartige, experimentelle Filme.«
JODIE FOSTER

gabe ausgewachsen hat, ist neben Hopkins' Spiel die zweite Sensation des Films. Der Rest ist *storytelling* voller Drehungen und Wendungen und Jagd auf einen Mörder, der die Hautfetzen seiner weiblichen Opfer zu einem Kleid zusammennäht, um aus der eigenen, männlichen Haut zu kommen«, analysierte die FRANKFURTER ALLGEMEINE ZEITUNG.

Es ist aber auch – Kino der Grausamkeit. Ein Film, der alle Effekte des Polizei- und Horrorfilmgenres perfekt ausspielt. Vielleicht ist er typisch für eine Zeit, in der ein gewöhnlicher Verbrecher oder Mafioso keinen Hund mehr hinter dem Ofen hervorlockt. Es muß schon mindestens ein verkappter Transsexueller sein, der Frauen häutet, oder ein geistesgestörter Menschenfresser, der die gruselige Spannung noch zum Höhepunkt zu treiben vermag.

Jodie Foster erklärte ausführlich, worin für sie das Neuartige ihrer Rolle bestand: »Mich hat gereizt, daß ich diesen mythischen Helden als weibliche Inkarnation spielen durfte. Die Frau als Drachentöterin, die die ganze Stadt befreit und rettet und die dabei nicht etwa eine weibliche Rambo-Version ist, die nur mit Unterwäsche bekleidet den Drachen verfolgt. Ihre Stärke ist die des Gefühls, des Mitleidens und nicht physische Kraft. Nein, sie ist eben nur einen

Meter sechzig groß. Insofern halte ich *Das Schweigen der Lämmer* für einen sehr progressiven Film.«

Danach kam für den Star der Augenblick, seinen ersten Film unter eigener Regie zu drehen. *Das Wunderkind Tate* wurde bereits ausführlich vorgestellt. Jodie Foster gab zu, daß diese Arbeit nicht nur eine Reflexion ihrer Jugend darstellt, sondern daß sie damit auch ihrer Mutter ein Denkmal setzen wollte.

Mittlerweile ist ein neuer Film mit Jodie Foster abgeschlossen. Es handelt sich um *Sommersby,* die amerikanische Fassung eines französischen Streifens mit Gérard Depardieu, *Die Wiederkehr des Martin Guerre* (Le retour de Martin Guerre, 1982). Der Film dreht sich um einen Heimkehrer, dessen Identität in Frage gestellt wird. Der Partner von Jodie Foster war Richard Gere, die Regie führte Jon Amiel. In ihrem nächsten Projekt, einer filmischen Biographie, wird Jodie Foster die Rolle der amerikanischen Filmschauspielerin Jean Seberg spielen, die mit *Außer Atem* (À bout de souffle, 1959) berühmt wurde und die auf mysteriöse Weise starb.

Adam Hann-Byrd in Jodie Fosters Regie-Erstling *Das Wunderkind Tate.*

Jodies Geheimnis

Wie sieht Jodie Foster sich selbst? *»Funny would be good«,* sagte sie zu diesem Thema einmal, »lustig wäre gut.«

Sie ist eine lustige Person, die es satt hat, immer als die Ernsthafte dargestellt zu werden. »Ich fürchte, daß jeder denkt, ich sei langweilig und ernst. Die Leute stellen mir auch immer diese blödsinnigen ernsthaften Fragen, und dann muß ich ernsthafte Antworten geben. Ich bin nicht so ernst.«

Doch in ihren Filmen geht es ständig um Vergewaltigung, Massenmörder, Tod und Perversionen – »ich weiß nicht, wo ich da einen Witz unterbringen soll«.

Als bei der Vorführung ihres Films *Das Wunderkind Tate* Lacher im Publikum aufkamen, freute sich Jodie Foster wie eine Schneekönigin. »Das war sehr befreiend nach all den ernsten Filmen, die ich bisher gemacht habe.«

Jodie Foster würde gern einmal in einer Komödie mitspielen.

Unübersehbar ist ihre Vorliebe für Frankreich und den französischen Film, aber den aus den sechziger Jahren: Sie schätzt die Nouvelle vague, Regisseure wie Louis Malle, Jean-Luc Godard oder François Truffaut. Auch mit Rainer Werner

»Ich rufe Sie zurück, wenn ich guter Laune bin.«
JODIE FOSTERS Anrufbeantworter

Jodie Foster 1992 bei einer Shakespeare-Theaterpremiere in Los Angeles.

»Ich verdanke alles meiner Mama.«
JODIE FOSTER

Jodie Fosters Familienclan (in der Mitte ihre Mutter) im Restaurant »Rex II« in Los Angeles bei einer Filmparty der Orion Pictures.

Fassbinder hätte sie gern einmal gedreht. »Ich mag eben Leute, die ihre eigenen Projekte entwickeln, wie übrigens auch Scorsese.«

Und Jodie Foster verehrt Woody Allen. Es war kein Zufall, daß sie einen winzigen Gastauftritt in *Schatten und Nebel* (Shadows and Fog, 1991) bestritt. »Ich habe Woody Allen schon lange bewundert ... seine Filme spielen vor allen Dingen in seinem Kopf, in seiner Phantasie ... Seine Filme spiegeln die Tatsache, daß er in seinen Gedanken wie auf einer Insel lebt.«

Was würde Jodie Foster machen, wenn ihre Karriere als Filmschauspielerin morgen beendet wäre? »Ich würde in Südfrankreich leben, Käse essen, Wein trinken und drei Wochen im Jahr arbeiten.« Als Gastgeberin einer Fernsehtalkshow, die sich mit dem amerikanischen Film der siebziger Jahre beschäftigt.

Was ihre Macke sei, wurde Jodie Foster gefragt. »Ich rede gern mit Journalisten. Wenn das nicht krank ist, dann weiß ich auch nicht.«

Jodie Foster ist dagegen, sich künstlich zu verjüngen. Sie findet, »man wird als Mensch immer interessanter, je älter man wird. Und ich halte wenig von diesem typisch amerikanischen Kult der ewigen Jugend.«

»Gute Kommunikation« zählt Jodie Foster zu den Dingen im Leben, die ihr sehr wichtig sind. Und sie möchte ihr eigenes Ich dem oberflächlichen Ruhm, ein Star zu sein, nicht opfern.

»Jede Frau braucht ihr süßes Geheimnis«, lautete ein geflügeltes Wort im klassischen deutschen Tonfilm, als die Bilder noch schwarzweiß waren und die weiblichen Stars noch Filmdiven hießen. Es gab sogar einen Schlager mit diesem Titel, der eindeutig zweideutig gemeint war.

Jodie Foster hat ihr Privatleben zum Geheimnis stilisiert. Es erscheint als weißes Blatt, als Geschichte ohne Inhalt, es ist ein Tabu.

Liz Taylor, die ebenfalls unter den Augen der Öffentlichkeit aufwuchs und sich vom Kinderstar zur Skandalnudel mauserte, hatte mit knapp dreißig Jahren schon einige Affären, Ehen und Scheidungen hinter sich und der Boulevardpresse reichlich Stoff für ihre Klatschspalten geliefert.

Bei Jodie Foster Fehlanzeige. Ist sie heimlich liiert? Oder doch nicht? Mit einem Kollegen, vielleicht einem verheirateten Mann? Man weiß es nicht.

Natürlich schüren Geheimnisse wie dieses wilde Spekulationen und

alle möglichen Vermutungen. Am hartnäckigsten hält sich das Gerücht, daß sie lesbisch sei. Doch niemand weiß es, zumindest dringt nichts nach außen. Die Yellow press hält sich mit Stories über ihre Intimsphäre auffallend zurück. Als ein Magazin für Homosexuelle sie vor kurzem als *absolutely queer* bezeichnete, reagierte Jodie Foster nur mit einem entwaffnenden Lächeln.

Bei der Uraufführung ihres Films *Das Wunderkind Tate*, die 1991 auf dem Filmfestival in Toronto stattfand,

> **»Ich liebe die Arbeit von Woody Allen. Er ist der Größte.«**
>
> JODIE FOSTER

Jodie Foster mit Anthony Hopkins, ihrem Partner aus *Das Schweigen der Lämmer*.

wurde sie von einer harmlosen Reporterin gefragt, ob sie selbst gern Kinder hätte, weil doch ein Kind in ihrem Film die Hauptrolle spielt. Dabei hatte einige Tage zuvor ein »Gay Magazin« in New York Jodie Foster auf einem Poster offiziell geoutet. Der Star antwortete auf die Frage der Reporterin ausweichend und leicht ungehalten.

Jodie Foster sagte in einem Interview mit dem SPIEGEL, das Persönlichste, was sie zu geben habe, sei ihre Arbeit. »Niemand hat das Recht, mein Privatleben an die Öffentlichkeit zu zerren.«

Muß man das akzeptieren? Man muß. Vielleicht ist sie ein geheimnisvolles Zwitterwesen wie Michael Jackson, der auf der grell erleuchteten Bühne des Rockpalastes und in Videoclips eine erotische Supershow abzieht, in Wahrheit aber asexuell zu sein scheint, unberührbar. Eine Insel, ein blauer Narziß.

Jeder Star schafft sich das Image, das er nötig hat. Das ihm gemäß ist, seinem Stil entspricht. Dazu noch einmal Jodie Foster: »Ich habe mein ganzes Leben unter den Augen der Öffentlichkeit verbracht, ähnlich vielleicht wie die Kinder Kennedys oder die Prinzessinnen von Monaco, und ich habe mir deshalb ein System ausgearbeitet, hinter dem ich mich verschanzen kann. Wenn ich dieses System nicht hätte, ginge es mir vielleicht wie Marilyn Monroe, die daran kaputtgegangen ist.«

Dem ist nichts hinzuzufügen. Warten wir auf den nächsten Film mit Jodie Foster. Oder auf den Tag, an dem sie wenigstens einen winzigen Zipfel vom Schleier ihres Geheimnisses lüftet.

Jodie Foster 1992, porträtiert von Starfotograf Albert Sanchez.

Filme

Flucht in die Wildnis (Napoleon and Samantha)

USA 1972. 91 Min. R: Bernard McEveety. D: Michael Douglas, Will Geer, Jodie Foster, Johnny Whitaker, Ellen Corby.
Nach dem Tod seines Großvaters befürchtet der kleine Napoleon, in ein Heim gesteckt zu werden. Er flieht deshalb mit seiner Freundin Samantha, gespielt von Jodie Foster, und einem zahmen Löwen in die Berge. Sentimental-unterhaltsames Abenteuer aus der Wildnis von Oregon.

Round up (Kansas City Bombers)

USA 1972. 99 Min. R: Jerrold Freedman. D: Raquel Welch, Helena Kallianiotos, Kevin McCarthy, Jodie Foster.
Eine Rollschuhläuferin setzt sich gegen die korrupten Machenschaften eines geldgierigen Managers durch. Oberflächlich-trivialer Sportfilm, der nur in den Wettkampfszenen spannend ist. Jodie Foster spielt die Tochter der Rollschuh-Queen.

Ein Kamel im Wilden Westen (One Little Indian)

USA 1973. 91 Min. R: Bernard McEveety. D: James Garner, Vera Miles, Clay O'Brien, Pat Hingle, Jodie Foster.
James Garner ist als Fahnenflüchtiger mit einem störrischen Kamel und einem Indianerjungen in der Wüste unterwegs. Ein dünnes Disney-Abenteuer im Stil einer gemütvollen

Jodie Foster und Vera Miles in *Ein Kamel im Wilden Westen.*

Westernkomödie, das sich im Sand verläuft.

Tom Sawyer

USA 1973. 104 Min. R: Don Taylor. D: Johnny Whitaker, Celeste Holm, Warren Oates, Jeff East, Jodie Foster.
An Originalschauplätzen in Missouri gedrehte Mark-Twain-Verfilmung für Kinder. Die putzige Musical-Version enthält die bekanntesten Abenteuer des beliebten Helden.

Smile, Jenny, You're Dead (TV-Film)

USA 1974. 90 Min. R: Jerry Thorpe. D: David Janssen, Zalman King, Howard da Silva, Jodie Foster.
Ein Privatdetektiv wird in einen Kriminalfall um ein verschlepptes Model verwickelt, das einem psychopathischen Fotografen in die Hände gefallen ist.

Alice lebt hier nicht mehr (Alice Doesn't Live Here Anymore)

USA 1974. 112 Min. R: Martin Scorsese. D: Ellen Burstyn, Kris Kristofferson, Billy Green Bush, Alfred Lutter, Jodie Foster, Diane Ledd.
Nach dem Unfalltod ihres Mannes macht sich Alice mit ihrem zwölfjährigen Sohn Tommy auf den Weg nach Kalifornien, um ihren Jugendtraum, Sängerin zu werden, doch noch zu verwirklichen. Sie bleibt jedoch in Phoenix (Arizona) hängen, wo sie in einer lausigen Bar arbeitet und sich auf einige halbseidene Liebschaften einläßt. Jodie Foster spielt eine freche Göre namens Audrey, die als Ladendiebin auffällt und Tommys Freundin wird.

Bugsy Malone (Bugsy Malone)

GB 1975. 94 Min. R: Alan Parker. D: Scott Baio, Florrie Dugger, Jodie Foster, John Cassisi, Martin Lev.
Alle Darsteller in dieser Parodie auf einen Gangsterfilm mit perfekt einstudierten Song- und Showeinlagen sind Kinder zwischen zehn und zwölf Jahren: der mächtige dicke Boß, die verfeindeten Gangs, die Barmädchen, die attraktive Sängerin Jodie Foster. Bei Schießereien kommt statt Blei Eiscreme mit Sahne aus den Maschinenpistolen.

Taxi Driver (Taxi Driver)

USA 1975/76. 114 Min. R: Martin Scorsese. D: Robert De Niro, Cybill Shepherd, Jodie Foster, Peter Boyle, Albert Brooks, Harvey Keitel.
Verstörende Geschichte über Verfremdung und Einsamkeit in der modernen Großstadtgesellschaft. Robert De Niro als einzelgängerischer Sonderling fährt nachts in New York Taxi und flüchtet sich in den Wahn, den »Schmutz« der Stadt beseitigen zu müssen. Der angeschlagene Vietnamveteran bewaffnet sich schwer und ist davon besessen, die zwölfjährige Prostituierte Iris (Jodie Foster) zu »retten«. Der kühl inszenierte Film explodiert in einer Eskalation der Gewalt.

Echoes of a Summer

USA 1976. 90 Min. R: Don Taylor. D: Jodie Foster, Richard Harris, Lois Nettleton.
Eindringliche und gefühlvolle Geschichte über ein junges Mädchen, das an einem unheilbaren Herzfehler leidet. Der Film schildert in dramatischen Szenen, wie Jodie Foster ihre Eltern auf das Unvermeidliche vorbereitet.

Ein ganz verrückter Freitag (Freaky Friday)

USA 1976. 95 Min. R: Gary Nelson. D: Barbara Harris, Jodie Foster, John Astin, Patsy Kelly, Dick van Patten.
Diese ungewöhnliche Slapstick-Komödie basiert auf einem Jugendbuchbestseller. Es geht um den originellen Einfall, Mutter und Tochter für einen Tag die Rollen tauschen zu las-

sen. Dies führt zu überraschenden Situationen und für beide Teile zu neuen Erfahrungen. Jodie Foster kann hier in der Rolle der Tochter erstmals ihr komödiantisches Talent entfalten.

Das Mädchen am Ende der Straße (The Girl Who Lives Down the Lane/La petite fille au bout du chemin)

F/Can 1976. 94 Min. R: Nicolas Gessner. D: Jodie Foster, Martin Sheen, Scott Jacoby, Alexis Smith.

Abenteuer auf Schloß Candleshoe (Candleshoe)

USA 1977. 101 Min. R: Norman Tokar. D: David Niven, Jodie Foster, Helen Hayes, Leo McKern, Veronica Quilligan, Ian Sharrock.
Jodie Foster spielt eine minderjährige Göre, die von Gangstern in das englische Schloß eingeschleust wird, um über sie an den verborgenen Familienschatz zu gelangen. In der unterhaltenden Walt-Disney-Komödie wechselt sie dann die Fronten und rettet den Besitz.

»Niemand hat das Recht, mein Privatleben an die Öffentlichkeit zu zerren.«
JODIE FOSTER

Jodie Foster in *Ein ganz verrückter Freitag.*

Die dreizehnjährige Rhynn (Jodie Foster) lebt in einer einsam gelegenen Villa in New England. Wird sie nach ihrem Vater, einem Schriftsteller, gefragt, antwortet sie ausweichend. Auch ihre Mutter bleibt unsichtbar. Rhynn hält alle Erwachsenen für Lügner. Eine romantische Aura aus Kerzenschein und Chopin umhüllt das Haus; verschiedene Neugierige versuchen hinter Rhynns Geheimnis zu kommen und verschwinden auf unerklärliche Weise. Hat Rhynn einen seelischen Knacks? Nur mit einem jungen Italiener schließt sie Freundschaft.

Fetzig, frei und endlich high (Moi, fleur bleue)

F 1977. 86 Min. R: Eric Le Hung. D: Jean Yanne, Jodie Foster, Sydne Rome, Bernard Giraudeau, Lila Kedrova.
Jodie Foster spielt in diesem französischen Film ein Mädchen, das noch die Schulbank drückt. Außerdem ist sie die Schwester des Mannequins Sydne Rome, das sich in hastige Liebesabenteuer stürzt. Sentimentaler Teenie-Sexfilm, mit Gags aufgemotzte Love-Story.

Jodie Foster in *Das Mädchen am Ende der Straße.*

Jodie Foster und Gary Busey in *Jahrmarkt*.

Jeanies Clique (Foxes)

USA 1979. 106 Min. R: Adrian Lyne. D: Jodie Foster, Sally Kellerman, Cherie Currie, Marilyn Kagan, Randy Quaid, Scott Baio.
Jeanie (Jodie Foster) und ihre Clique, das sind vier Freundinnen im Teenageralter, die gemeinsam in ein großes Apartment in San Fernando Valley gezogen sind. Das unkonventionelle Verhalten der Mädchen provoziert Probleme, die durch eine seichte, oberflächliche Story verharmlost werden.

Jahrmarkt (Carny)

USA 1980. 101 Min. R: Robert Kaylor. D: Gary Busey, Jodie Foster, Robbie Robertson, Meg Foster.
Jodie Foster als verführerischer Teenager Donna flieht vor ihrem brutalen Freund und ihrer lieblosen Mutter. Sie schließt sich einer Zirkustruppe an und gerät dabei nicht nur unter Artisten, Akrobaten und Clowns, sondern auch zwischen zwei Männer. Eindringliche Love-Story aus dem Rummelplatzmilieu, in der es am Ende ums nackte Überleben geht.

O'Hara's Wife (TV-Film)

USA 1982. 87 Min. R: William Bartman. D: Ed Asner, Mariette Hartley, Jodie Foster, Tom Bosley.
Etwas albernes Lustspiel aus dem Phantasiereich der Toten. Die verstorbene Ehefrau des Helden kehrt als Geist zurück und wirbelt sein Arbeitsleben und seine Liebesaffären durcheinander. In dem schwachen Remake des Kinoklassikers *Das blonde Gespenst* (Topper, 1937) mit Cary Grant und Constance Bennett spielt Jodie Foster die Tochter des Helden.

Svengali (TV-Film, hier auf Video: Obsession – Die dunkle Seite des Ruhms)

USA 1983. 104 Min. R: Anthony Harvey. D: Peter O'Toole, Jodie Foster, Elizabeth Ashley.
Im Mittelpunkt steht Peter O'Toole als feuriger, überkandidelter Musiklehrer, der Jodie Foster unterrichtet. Seine Gesangs- und Atemtechnikübungen und sein Ungestüm sollen aus ihr eine große Popsängerin machen.

Das Hotel New Hampshire (The Hotel New Hampshire)

USA 1984. 108 Min. R: Tony Richardson. D: Rob Lowe, Jodie Foster, Paul McCrane, Beau Bridges, Lisa Banes, Nastassja Kinski.
Hotel als Sinnbild des Lebens. Ein chaotischer Harvard-Absolvent will mit drei verschiedenen Herbergen seine Familie ernähren, deren Mitglieder wie Jodie Foster als Franny zumeist ungewöhnliche Vorlieben zeigen. Als es in Hampshire nicht recht läuft, zieht er nach Wien um (in die Stadt Sigmund Freuds), dann noch einmal nach Maine. Die wenig geglückte Verfilmung des gleichnamigen Romans von John Irving erscheint als zerfahrene Klamotte, bestehend aus Gags, Zitaten, Slapsticks und banalen Obszönitäten.

The Blood of Others (Le sang des autres)

CAN/F 1984. 240 Min. R: Claude Chabrol. D: Jodie Foster, Michael Ontkean, Sam Neill, Stéphane Audran, Lambert Wilson, Alexandra Stewart.
Schauplatz ist Paris kurz vor und während des Zweiten Weltkriegs. Jodie Foster spielt die Modezeichnerin Hélène, deren Freund Paul in Spanien gegen die Faschisten

Jodie Foster und Nastassja Kinski in *Das Hotel New Hampshire*.

kämpft. Sie engagiert sich in der Résistance, als das Land von den Nazis besetzt wird, und erlebt eine sanfte Romanze mit Jean, einem kommunistischen Anwalt, der für die Rechte der Arbeiter eintritt. Der Film nach dem gleichnamigen Roman von Simone de Beauvoir entstand in drei verschiedenen Versionen: als Kinofilm, Kabel-TV-Serie und als Miniserie.

Mesmerized

GB/AUS/Neuseeland 1985. 90 Min. R: Michael Laughin. D: John Lithgow, Jodie Foster, Michael Murphy, Harry Andrews, Dan Shor, Reg Evans, Philip Holder.
Die seltsame Story ereignet sich irgendwo im fernen Australien um das Jahr 1800. Ein Händler heiratet die noch jungfräuliche Waise Jodie Foster, und erst nach der Hochzeit kommen seine abartigen sexuellen Wahnideen ans Tageslicht. Nach Jahren der seelischen und körperlichen Pein beschließt die junge Frau, ihren teuflischen Ehegatten durch Hypnose zu ermorden. Das Treatment zu dem Film stammt von Jerzy Skolimowski.

Julian Sands und Jodie Foster in *Siesta*.

Siesta (Siesta)

USA 1987. 97 Min. R: Mary Lambert. D: Ellen Barkin, Gabriel Byrne, Julian Sands, Jodie Foster, Isabella Rossellini, Grace Jones.
Artifizieller Krimi um eine an partieller Amnesie leidende Stuntfrau, die sich an nichts mehr erinnern kann, als sie mit blutverschmiertem Kleid auf einem Flugfeld erwacht. Jodie Foster spielt in diesem existentiellen Puzzle, in dem ein Eifersuchtsdrama im Mittelpunkt steht, eine blasierte Engländerin.

Debütfilm von Mary Lambert, die vorher ästhetisch hochstilisierte Rock-Videoclips drehte. Einprägsam die Musik der Jazz-Legende Miles Davis.

Five Corners (Five Corners)

GB/USA 1987. 92 Min. R: Tony Bill. D: Jodie Foster, Tim Robbins, John Turturro, Todd Graff, Elizabeth Berridge, Rose Gregorio.
Schausplatz dieses kammerspielartigen Mileufilms ist »Five Corners«, eine Ecke in der New Yorker Bronx. Die Geschichte spielt in den sechziger Jahren, als es noch Barry Goldwater, die Beatles und Martin Luther King gab. In diesem Film, in dem Liebe, Gewalt, Rassismus und Pinguine eine wichtige Rolle einnehmen, wird die liebenswerte Linda (Jodie Foster) das Objekt der Begierden des Psychopathen Heinz.

Katies Sehnsucht (Stealing Home)

USA 1987. 98 Min. R: Will Aldis, Steven Kampmann. D: Mark Harmon, Jodie Foster, William McNamara, Blair Brown, John Shea, Harold Ramis.
Love-Story mit Trauerrand: Film als Reise in die Vergangenheit, als Gefühlskino, das die Stationen einer einzigen Liebesnacht und aller damit verbundenen Erinnerungen noch einmal in einem melancholischen Bilderbogen aufblättert. Der Profisportler Bill Wyatt erhält während seiner Tournee die Nachricht vom Tod der jungen Frau Katie, der er einst sehr verbunden war. Sie hat Selbstmord begangen, und er soll sich nun um ihre Beisetzung kümmern. Jodie Foster als Femme fatal zieht einen guten Jungen in ihren Bann.

Jodie Foster und Mark Harmon in *Katies Sehnsucht.*

Angeklagt (The Accused)

USA 1988. 110 Min. R: Jonathan Kaplan. D: Jodie Foster, Kelly McGillis, Bernie Coulson, Leo Rossi, Ann Hearn, Steve Antin.
Eine junge Serviererin, Sarah Tobias, wird im Hinterzimmer einer Kneipe von drei jungen Männern vergewaltigt, doch weil sie aus zweifelhaftem Milieu stammt, läßt sich ihre bürgerliche Anwältin bei Gericht auf einen faulen Kompromiß ein. Als Sarah weiter gedemütigt wird und ihre Verbitterung gegen die Anwältin artikuliert, klagt diese nun auch die johlenden Anstifter des Verbrechens an. Engagiert, impulsiv und verletzlich interpretiert Jodie Foster die junge Sarah, die ihr Recht einfordert. Die Schauspielerin gewann mit dieser Leistung ihren ersten Oscar für die beste Hauptrolle.

Catchfire (Backtrack)

USA 1989. 99 Min. R: Alan Smithee (Dennis Hopper). D: Dennis Hopper, Jodie Foster, Dean Stockwell, Vincent Price, John Turturro, Joe Pesci, Fred Ward.
Anne Benton (Jodie Foster) hat in Los Angeles eine Autopanne und wird zufällig Zeugin eines Mordes.

Als an ihrer Stelle ihr Freund Bob erschossen wird, begreift sie, in welch gefährliche Situation sie geraten ist. Das FBI will sie als Zeugin einspannen, um gegen Mafia-Boß Leo Carelli vorgehen zu können. Doch Anne flieht quer durch Amerika nach Seattle und weiter in den Süden bis New Mexico, verfolgt von dem Profikiller Milo (Dennis Hopper). Anstatt Anne zu ermorden, verknallt er sich in sie – während die Mafiosi in eine Falle stolpern, entkommen die Liebenden glücklich.

Das Schweigen der Lämmer (The Silence of the Lambs)

USA 1990. 118 Min. R: Jonathan Demme. D: Jodie Foster, Scott Glenn, Anthony Hopkins, Ted Levine, Anthony Heald, Brooke Smith, Danny Darst, Charles Napier.
Ein geheimnisvoller Frauenmörder, der seine Opfer nach drei Tagen tötet, häutet und in den Fluß wirft, hält Amerika in Atem. Die junge FBI-Anwärterin Clarice Starling wird von ihrem Chef Jack Crawford mit der

FBI-Agentin Clarice Starling ist einem Geheimnis auf der Spur.

Mission betraut, den in einer psychiatrischen Anstalt einsitzenden Dr. Hannibal Lecter zu befragen, um mögliche Hinweise auf den Killer zu erhalten. Lecter ist Psychopath und Kannibale, ein zynischer, aber genialer Kopf. Zwischen dem Verbrecher und der Agentin entfaltet sich ein sehr persönliches Verhältnis, gespeist aus Angst und Faszination. Sie bekommt tatsächlich entscheidende Tips von ihm, die nur sie persönlich entschlüsseln kann. Jodie Foster gewann für ihre Rolle als Clarice Starling 1992 ihren zweiten Oscar als beste weibliche Hauptdarstellerin.

Das Wunderkind Tate (Little Man Tate)

USA 1991. 99 Min. R: Jodie Foster. D: Jodie Foster, Adam Hann-Byrd, Dianne Wiest, David Pierce, Harry Connick jr., Debi Mazar.
Fred Tate kann als Siebenjähriger nicht nur lesen und aquarellieren, er komponiert, dichtet und beherrscht äußerst komplizierte Rechnungsarten. Seine Mutter Dede (Jodie Foster) ist eine einfache Frau, die ihm zwar emotionale Wärme gibt, aber seine geistigen Fähigkeiten brachliegen läßt. Dafür ist die Psychologin Jane zuständig, die ein Institut für Hochbegabte leitet. So gerät Fred zwischen zwei Frauen, die verschiedene Welten verkörpern. Jodie Fosters witzig-subtiler Debütfilm handelt von einer komplexen Kindheit voller Falltüren und Unwägbarkeiten.

Schatten und Nebel (Shadows and Fog)

USA 1991. 85 Min. R: Woody Allen. D: Woody Allen, Mia Farrow, John Malkovich, Kathy Bates, Lily Tomlin, Donald Pleasance, Jodie Foster, Madonna.
Woody Allens Hommage an Fritz Lang, Friedrich Wilhelm Murnau und den expressionistischen deutschen Stummfilm. Eine düstere Stadt in Schwarzweiß, monströs verzerrte Gassen, schwarze Mauern, eine Kutsche im fahlen Licht. Stufen führen ins Nichts – der Würger geht um, versetzt die Menschen in Angst und Schrecken. Ein Zirkus kommt in die Stadt, und gegen Ende lichtet sich der Nebel. Jodie Foster hat eine winzige Gastrolle im Hurenhaus. »Wir wären alle glücklich, wenn wir es nur wüßten« (Woody Allen).

»Ich denke, Heirat sollte auf Liebe basieren. In Hollywood werden die meisten Ehen der Karriere wegen geschlossen.«
JODIE FOSTER